도시×리브랜딩

도시다움을
만드는
새로운 변화

도시
×
리브랜딩

박상희
이한기
이광호

오마이북

차례

+ 머리말 | 우리가 사랑하는 도시 이야기 —— 7

1부 · 도시+브랜드

01 브랜드와 브랜딩 —— 13
02 기업 브랜딩과 도시 브랜딩 —— 29
03 도시의 고유성과 진정성 —— 42
04 도시 브랜드 슬로건 —— 51
05 도시의 페르소나 —— 64
06 도시의 캐릭터 —— 74
07 도시 브랜드 경험 —— 84

2부 · 도시×리브랜딩

08 '도시다움'을 만드는 새로운 가치 —— 101
09 지속가능한 도시의 성장 전략 —— 124

10 문화도시의 탄생 —— 139

11 음악의 도시 —— 148

12 영화의 도시 —— 166

13 미술의 도시 —— 174

14 미식의 도시 —— 189

3부 · 커뮤니티+로컬+도시

15 로컬 브랜드와 도시 이미지 —— 207

16 도시를 살리는 '해답' —— 215

17 도시와 지역의 정체성 찾기 —— 222

18 커뮤니티 디자인과 도시재생 —— 228

19 사라지는 도시, 살고 싶은 도시 —— 239

20 로컬·도시·국가의 리브랜딩 —— 252

+ 에필로그 | 우리는 왜 도시를 브랜딩하는가 —— 257

머리말

우리가 사랑하는 도시 이야기

"브랜드가 무엇이냐?"는 질문을 많이 받습니다. 제가 하는 답변은 늘 같습니다. 브랜드는 '차별적 경쟁력'을 갖기 위한 모든 것입니다. 경쟁이라는 단어를 쓰지만 경쟁하지 않기 위해 필요한 것이 브랜드입니다. 남들이 쉽게 따라올 수 없는 자신만의 가치를 만들어 독보적인 존재가 되기 위해 필요한 것이 브랜드입니다.

인천광역시 브랜드전략팀장으로 일하면서부터는 "도시 브랜드가 무엇이냐?"는 질문을 받습니다. 그때마다 저는 '차별적 경쟁력을 가진 도시'를 만들어가는 과정이라고 말합니다. 도시 브랜딩은 '슬로건', '디자인', '도시 상징' 등의 구성요소를 넘어 여느 도시와 다른 우리 도시만의 특별함을 만들어가는 과정입니다.

왜 특별함이 필요할까요? 바로 고객에게

선택받기 위해서입니다. 도시에 살고 있는 사람들과 도시 외부에 있는 사람들에게 거주지로, 근무지로, 여행지로 선택받기 위해서입니다. 선택받지 못하면 브랜드가 사라지듯이, 선택받지 못한 도시는 소멸 위기에 직면하게 됩니다. 살고 싶은 도시, 여행하고 싶은 도시, 일하고 싶은 도시 등 누군가에게 선택받기 위한 차별점이 필요합니다. 그리고 그 차별점이 진실하고 오래 유지되어야만 도시가 생존합니다.

　　브랜드는 기업에서 만든 제품에만 붙이는 것이라고 생각했던 때가 있었습니다. 그러나 이제 브랜드는 '국가', '도시', '기업', '제품', '개인' 등 다양한 분야에서 쓰이고 있습니다. 브랜드가 무엇이냐는 질문에 브랜드의 영역을 정의하지 않게 된 것은 산업이 진화하듯 브랜드 개념도 진화하고 영역의 경계가 확장되었기 때문입니다. 산업혁명 이후 효율과 효과를 위해 '분업'이 시작되고 업(業)의 '분야'를 나누기 시작했습니다. 그러나 그 전에 인류는 업을 구체적으로 구분하지 않았습니다. 브랜딩의 영역도 그러합니다. 부모가 아이를 낳고 기르면서 이름만 짓고 끝내는 게 아닌 것처럼, 도시 브랜딩은 도시에 대한 끝없는 책임입니다. 아이를 선한 영향력을 가진 사람으로 키우듯, 도시를 사람과 환경을 위한 장소가 되도록 끊임없이 돌보는 것이 도시 브랜딩입니다.

　　이 책은 2020년부터 기획되었습니다. 인천광역시청을 출입하던 이한기 오마이뉴스 기자에게 도시 브랜드에 대한 기획 기사의 연재를 제안할 때부터 출판을 염두에 두고 있었습니다. 많은 지자체에서 관심을 갖고 필요성을 인식하며 도시 브랜드를 한창 개발하던 시점이었습니다. 그러나 도시 브랜드에 대한 사람들의 인식은 슬로건 혹은 디자인에 그치는 경우가 대부분이었습니다.

　　도시 브랜드는 차별적 경쟁력을 만들어내는 유·무형의 요소를 갖고 있습니다. 그래서 눈에 보이는 상징물이 전부가 아니라는 것을 이야기하고 싶었습니다. 살고 싶은 도시를 만들기 위한 복지·교통·교육·환경 등의 정책, 여행하고 싶은 도시를 만들기 위한 접근성·안전성·쾌적성 등에 대한 설계, 우리 도시에 대한 자부심을 전달하고 긍정적인 이미지를 심어주기 위한 광고와 홍보, 함께 사는 사람들을 배려하기 위한 시민 캠페인 등 도시 이미지를 형성하는 다양한 도시 브랜딩 활동이 있습니다. 이 모든 것이 모여 도시 브랜드를 만듭니다.

　　이 책은 세 명의 저자가 함께 고민하고 소통하며 작업한 결과물입니다. 도시 브랜드가 무엇이고 어떻게 만들어가야 하는지에 대한 설명을 여러 사례를 바탕으로 이야기하듯 풀어서 설명했습니다. 무엇보다 독자들이 도시 브랜드를 쉽게 이해하고 '나'의 삶과 '공동체'의 문제로 인식해주면 좋겠다는 바람으로 시작했습니다.

　　박상희는 브랜드와 도시 브랜드에 대한 전반적인 개념을 정리하고, 다양한 도시 브랜딩 사례, 로컬 커뮤니티 디자인을 집필했습니다. 이광호는 도시 브랜딩 활동에서 광고와 홍보에 대한 부분을 집필했고, 박상희와 이한기의 시각을 객관적으로 살펴주었습니다. 이한기는 이 책의 바탕이 된 '오마이시티, 오마이브랜드'라는 기획 기사를 함께 연재하고,

단행본의 구성과 흐름을 잡았습니다. 독자 입장에서 좀 더 쉽게 접근할 수 있도록 다양한 사례를 찾아 박상희와 이광호의 글을 보강했고, 이 책 후반부에 실린 대담 원고를 기획하고 집필했습니다.

    브랜드 전문가 선배들이 많이 계시기에 책을 쓰는 내내 조심스럽고 걱정도 많았습니다. 부족한 부분이 있겠지만 도시 브랜드가 성숙해가는 속도에 맞춰 우리의 책도 함께 보완해가려고 합니다.

    그럼, 이제 우리가 사랑하는 도시 이야기를 시작해보겠습니다.

2023년 12월
저자들을 대표하여 박상희

1부
도시 + 브랜드

01 브랜드와 브랜딩

브랜드(brand)의 어원은 노르웨이의 옛말 'brandr'로 추정된다. 'brandr'는 '불에 타다(burn)'라는 뜻을 담고 있다. 불에 달군 인두로 소나 말 같은 가축에 낙인(烙印)을 찍어 자신의 소유물임을 표기한 데서 유래되었다는 것이 가장 일반적인 가설이다.

낙인 관습이 가축에게만 적용되는 것은 아니다. 고대 이집트에서는 벽돌에 제조자 이름을 표시해 품질을 보증했고, 피라미드가 무너졌을 때 그 책임 소재를 가리는 데 사용하기도 했다. 영국의 위스키 제조업자들이 나무통에 인두로 찍은 화인(火印)도 일종의 낙인이다. 이런 표시는 제조원이나 원산지 등 제품의 출처를 증명하는 수단이 되었고, 특정 제품을 구매하려는 사람들에게 정보를 제공해줄 뿐만 아니라 문제가 발생했을 때 책임 소재를 가리는 역할도 했다. 요컨대 브랜드는 다른 사람의 것과 구별하여 나의 소유임을 명확히 해주는 수단인 동시에, 제품·기업·공간·도시 등 어떤 대상이든 책임감 있게 개발·관리할 막중한 소명을 감당하겠다는 선언이기도 하다.

브랜드 실체, 정체성, 이미지

나의 실체, 남에게 보이길 바라는 나, 남들이 인식하는 나는 같지 않다. 브랜드 정체성(brand identity)이 기업·도시 등 브랜드의 주체가 자신을 어떻게 정의할 것인지 스스로 만들어내는 것이라면, 브랜드 이미지(brand image)는 고객·소비자·시민 등 불특정 다수에 의해 외부에서 형성된다. '브랜드의 아버지'로 불리는 데이비드 아커(David Aaker)는 브랜드를 "판매자의 상품이나 서비스를 규정하고 경쟁자와 차별화하기 위한 이름, 기호, 상징, 디자인 혹은 이것들의 결합"으로 정의했다.

이런 정의를 대입해보면, 브랜드 정체성은 고객에게 그 브랜드만의 고유한 인상을 심어줄 수 있는 모든 구성요소들의 집합이라고 할 수 있다. 아커가 말한 요소들뿐만 아니라 철학적 가치, 구성원들이 보유한 고유의 문화적 콘텐츠도 브랜드 정체성에 포함된다. 브랜드 정체성을 확립한다는 것은 궁극적으로 고객에게 어떤 이미지를 심어줄 것인가를 내부에서 규정하는 일이다. 즉 우리가 어떻게 보이길 원하는지 규정하는 일이다.

브랜드 정체성이 곧 브랜드 실체(brand reality)는 아니다. 브랜드 실체란 브랜드를 보유한 주체의 강점과 약점을 모두 포괄하는 개념이며, 브랜드 정체성은 브랜드 실체를 바탕으로 하되 강점을 살리고 약점을 보완하며 만들어가는 것이다. 브랜드 이미지는 브랜드에 대해 고객들이 갖는 모든 연상을 포괄하는 개념이다. 고객의 기억 속에 남아 있는, 브랜드와 연관된 모든 생각과 감성, 상상을 포함하기 때문에 고객이 브랜드를 선택하는 중요한 기준이 된다. 브랜드 이미지는 브랜드 정체성과 달리 외부에서 만들어진다. 즉 고객의 마음속에서 인식(perception)된 것이다. 결국 브랜딩은 브랜드 실체를 바탕으로 하되 차별적이고 경쟁력 있는 강점을 살려 브랜드 정체성을 만들고, 이를 소비자의 인식 속에 자리 잡게 하는 것이다.

이를 도시 브랜드에 적용해보자. 울산은 유라시아에서 해가 가장 먼저 뜨는 도시라는 지리적 환성을 살려 '더 라이징 시티, 울산(The Rising City, Ulsan)'이라는 도시 브랜드 슬로건을 만들었다. 부산은 글로벌(Global), 개방성(Open), 고유성(Original), 역동성(Dynamic)이라는 핵심가치의 앞 글자를 따서 '부산 이즈 굿(Busan Is Good)(부산이라 좋다)'이라는 슬로건을 만들었다. 그리고 이 슬로건의 앞 글자를 모으면 'BIG'이 된다. 세계도시로의 도약을 목표로 하는 부산의 새로운 비전이다.

이런 브랜드가 우리가 생각하는 울산, 부산의 이미지와 같은지 생각해보자. 물론 다를 수도 있다. 그러나 우리가 떠올린 이미지와 다르다고 해서 못 만든 브랜드는 아니다. 각 도시가 그런 비전을 달성하기 위해 지속적으로 브랜딩하는 것, 또 그 과정을 통해 사람들의 마음을 움직이는 것이 중요한 과제다.

도시 정체성은 내부적으로는 '어떤 도시를 만들겠다'는 미션이 되고, 외부적으로는 시민, 관광객, 투자자가 도시를 의도한 대로 바라봐주길 바라는 지향 가치가 된다. 울산, 부산을 생각할 때 가장 먼저 떠오르는 것이 지금 우리가 갖고 있는 그 도시의 이미지이고, 이런 이미지는 거주·쇼핑·투자·관광 등의 행동을 결정하며 기대감을 갖게 하는 중요한 요소다. 그렇기 때문에 브랜드를 만드는 것도, 브랜딩을 통해 이미지를 형성하는 것도 매우 중요하다.

마케팅 용어 중 '최초상기도(top of mind)'라는 말이 있다. 특정 카테고리에서 소비자가 가장 먼저 연상하는 브랜드나 상품을 뜻한다. 예컨대 세계경제의 중심 하면 뉴욕의 월가가 먼저 떠오르고, 전 세계 스타트업의 메카 하면 실리콘밸리가 먼저 떠오르는 식이다. 이처럼 길게 설명하지 않아도 바로 떠오르는 긍정적이고 차별화된 이미지가 있다면, 그 도시는 이미 탄탄한 도시 브랜드 자산을 갖춘 셈이다.

경쟁자와 차별화되는 요소들의 집합체인 브랜드에 자기다움을 만들어 입히는 과정을 브랜딩 또는 브랜드 마케팅, 브랜드 커뮤니케이션이라고 한다. 브랜딩은 단순히 경쟁자와 구별되는 것에 그치지 않고 경쟁우위를 확보하기 위해 고객이 공감할 수 있는 가치를 만들어내는 것이다. 차별화된 구성요소의 집합인 브랜드 정체성과, 고객의 연상 작용에 의해 형성된 브랜드 인상의 집합인 브랜드 이미지가 일치할수록 브랜딩을 잘한 것이다.

반대로 브랜딩을 잘 못했거나 브랜드 정체성을 도시의 가치와 다르게 구축했다면, 브랜드 정체성과 브랜드 이미지의 간극이 커지고, 사람들은 그 도시 브랜드에 대해 부정적인 인식을 갖게 된다. 브랜드가 단순한 상표를 넘어 고객이 공감하는 진정성 있는 스토리를 담은 상징으로 작용해야 하는 이유다. 고유한 문화와 역사, 행정적 혜택 등 다른 도시와 차별화된 경쟁력 있는 도시 브랜드는 다른 곳에서 모방할 수 없는 강력한 자산이 된다.

브랜드를 브랜드답게

브랜드는 기업이나 제품, 서비스에 담겨 있는 신념, 가치관, 상징 등의 총합이다. 브랜딩은 브랜드를 고객에게 끊임없이 전달하고 실천하며 브랜드다움을 확고하게 만들어가는 과정이다. 다시 말해 고객의 마음과 머리에 새겨지는 브랜드 이미지를 꾸준히 브랜드 정체성에 수렴시키는 과정이라고 할 수 있다. 따라서 브랜딩은 브랜드 주체와 고객 사이의 끊임없는 상호작용이다.

나이키(Nike)는 제품이 튼튼하고, 걷거나 뛸 때 편리하고, 디자인이 멋지다는 기능적 속성을 이야기하는 것이 아니라 스포츠 정신에 대한 캠페인 광고를 한다. 사람들이 나이키라는 브랜드를 구매하는 이유를 생각해보면, 제품의 기능적 특성보다 브랜드 이미지의 영향을 받는 경우가 더 많다. "나이키는 신발을 팔지만 신발을 파는 기업이 아니다"라고 애플(Apple)의 창업자 스티브 잡스(Steve Jobs)가 이야기했던 것처럼, 나이키는 제품의 기능뿐만 아니라 '스포츠 정신', '위대한 선수에 대한 존경' 등 나이키의 신념을 브랜드에 녹여냈다.

나이키의 'Just Do It'이나 애플의 'Think

Different'는 브랜드의 핵심가치로서 브랜드명과 함께 꼬리표처럼 붙어 다니는 태그라인(tagline)이다. 브랜드의 핵심가치를 함축적으로 표현하는 태그라인은 슬로건과 유사한 개념이지만 브랜드 로고와 함께 노출된다는 점에서 슬로건과는 다르다. 이처럼 두 기업은 'Just Do It', 'Think Different' 캠페인을 통해 고객들에게 기업의 신념을 강하게 각인시켰다.

나이키는 '신발을 파는' 회사가 아닌 '스포츠 정신'을 실천하는 브랜드가 되었고, 애플은 '컴퓨터를 파는' 회사가 아닌 '혁신'의 아이콘이 되었다. 브랜드 정체성을 만드는 것에 그치지 않고 브랜드 정체성을 담아내는 다양한 캠페인을 통해 브랜드 가치를 실천함으로써 각 분야에서 확고한 넘버원 브랜드가 되었다. 이처럼 브랜딩은 끊임없이 브랜드를 브랜드답게 만드는 현재진행형 활동이다.

브랜딩은 기업뿐만 아니라 도시에서도 대단히 중요한 요소로 작용한다. 도시 브랜드를 만든다는 것은 도시의 비전, 철학, 핵심가치를 설정하고, 단기·중기·장기 미션을 만드는 일이다. 비전을 달성하기 위한 태도를 철학과 핵심가치라고 한다면, 비전에 도달하기 위한 크고 작은 활동을 미션이라고 한다.

도시 브랜드를 만든다고 하면 대부분 새로운 슬로건을 만드는 일부터 떠올리곤 한다. 그러나 슬로건은 우리가 볼 수 있는 도시 브랜드의 아주 작은 부분, '빙산의 일각'이다. 바다 아래 존재하는 거대한 도시의 비전, 철학, 핵심가치를 만드는 것부터가 도시 브랜딩의 시작이다.

이런 관점에서 본다면, 도시 브랜딩은

'실행'이다. 비전과 미션을 달성하기 위해 무엇을, 언제, 어떻게, 누가, 누구와 할 것인지 실행전략을 수립하고 실현해나가는 과정이다. 태어난 지 50년이 다 되어가는, 세계에서 가장 사랑받는 도시 브랜드 캠페인 'I♥NY'의 사례는 도시 브랜드를 만들어가는 과정과 브랜딩하는 방법의 모범답안이다.

뉴욕의 도시 브랜드와 도시 브랜딩

뉴욕(New York)시는 미국의 북동부 뉴욕주의 남쪽 끝에 있다. 미국에서 가장 인구가 많은 제1의 도시다. 상업, 금융, 미디어, 예술, 패션, 연구, 기술, 교육, 엔터테인먼트 등 많은 분야에 걸쳐 미국뿐만 아니라 전 세계에 큰 영향을 끼치고 있으며, 도쿄, 런던과 함께 세계 3대 도시이자 세계의 문화 수도로 불린다.

뉴욕은 맨해튼, 브루클린, 브롱크스, 퀸스, 스태튼아일랜드 등 다섯 개의 독립된 행정구역으로 이루어져 있다. 그러나 사람들은 뉴욕 하면 맨해튼을 먼저 떠올린다. 유럽인이 맨해튼섬을 최초로 발견한 것은 1524년의 일이다. 그로부터 100년 뒤 네덜란드가 맨해튼에 뉴암스테르담(New Amsterdam)을 세웠다. 맨해튼은 오랜 세월 이주민의 관문 역할을 했다. 19세기부터 대규모 이민이 유입되면서 뉴욕은 맨해튼 전역의 공공·민간 개발을 효율적으로 유도하고 촉진하기 위해 세계 최초로 특별지역지구제(special zoning district)를 채택했다. 주거·상업·공업 지역 등으로 나누고 각 지역별로 용적률을 제한한 것이다. 이 특별지역지구제를 통해 높은 건물들이 지어졌고, 이들 마천루(摩天樓)는 뉴욕을 새로운 도시로 재탄생시켰다.

뉴욕 ©김진석

도시 중심부에 자리한 센트럴 파크(Central Park)는 바쁜 일상을 보내는 뉴요커들에게 휴식을 제공하는 한편, 수많은 빌딩들과 대조를 이루며 도시에 활력을 불어넣었다. 이처럼 철저한 도시계획을 바탕으로 만들어진 맨해튼이야말로 현재 수많은 사람들이 떠올리는 뉴욕의 이미지다.

맨해튼의 남동쪽에서 북서쪽으로 이어지는 브로드웨이(Broadway)에서는 연극과 뮤지컬 산업이 발달했다. 센트럴 파크 인근에는 뉴욕 공연예술의 중심인 링컨 센터(Lincoln Center)를 비롯해 예술, 문화, 오락 등 엔터테인먼트 시설이 들어섰다. 이 밖에도 관광과 컨벤션(특정 분야의 전문성을 띠는 대규모 모임이나 회의·전시회) 업체들이 밀집된 문화·관광의 중심지로 거듭났다.

이처럼 다양한 민족과 문화가 어우러져 역동성을 만들어내고 세계 최고의 경제·문화 중심지로 발전한 뉴욕의 도시 브랜드 정책은 1970년대 오일 쇼크로 침체된 도시경제를 되살리고, 범죄로부터 안전한 도시를 만들기 위해 시작되었다. 1970년대까지만 해도 뉴욕은 빈곤과 범죄의 상징이었다. 경기침체로 암울해진 도시 분위기와 치솟는 범죄율로 인해 관광객은 줄어들고, 투자자는 이탈하고, 도심공동화 현상이 발생하는 악순환이 이어졌다.

"뉴욕에는 새로운 뉴욕이 필요하다": 'I♥NY'의 탄생

1971년 미국의 부동산 투자자 루이스 루딘(Lewis Rudin)은 '더 좋은 뉴욕을 위한 모임(Association for a Better New York: ABNY)'을 만들었다. 이 단체는 임대료 규제

완화, 세금 감면 등 비즈니스 프렌들리 정책을 정부에 건의해 관철시켰다. 민간 재원으로 치안 강화에도 힘썼다. 뉴욕 관광청과 손잡고 수십만 개의 사과 모양 옷핀, 스티커 등을 나눠주며 뉴욕을 대대적으로 홍보하는 '빅 애플(Big Apple)' 캠페인을 전개했다. 하지만 뉴욕시의 재정은 점점 더 악화되었고, 1975년에는 역대 최대의 해고 사태가 발생했다.

　　뉴욕시에서는 문제 해결에 나섰다. 관광객과 투자자를 유치해 도시에 활력을 불어넣는 데 주력했다. 관광 활성화를 통해 위기를 벗어나고자 한 것이다. 이를 위해서는 뉴욕의 매력을 적극적으로 찾아내 사람들에게 보여줘야 했다. 광고 기획자, 그래픽 디자이너, 작곡가 등의 민간 전문가가 참여하는 도시 브랜딩 캠페인을 대대적으로 펼치기 시작했다.

　　뉴욕의 도시 브랜드 전략은 정부가 아닌 민간 주도로 진행되었다. 시장조사를 바탕으로 뉴욕주에서 상대적으로 활력이 넘치는 맨해튼의 타임스 스퀘어와 브로드웨이의 화려한 모습을 뉴욕의 대표 이미지로 활용했다. 금융센터와 센트럴 파크의 조화로운 모습을 부각시켜 교통체증이나 높은 범죄율 등 부정적인 이미지를 씻어내는 데 주력했다. 장점은 부각하고 단점은 숨기는 전략을 펼친 것이다.

　　이 과정에서 광고회사 '웰스, 리치 앤드 그린(Wells, Rich and Greene)'은 'I Love New York'이라는 슬로건을 만들었다. 그리고 전설적인 그래픽 디자이너 밀턴 글레이저(Milton Glaser)가 그에 걸맞은 로고타이프를 개발했다. 1975년 탄생한 'I♥NY'은 지금까지 전 세계인에게 가장 사랑받는 로고가 되었다.

　이 'I♥NY'으로 만든 로고, 조형물 등 시각적인 상징을 적극적으로 활용했을 뿐만 아니라, 소리나 음악 등 청각적인 요소를 활용해 도시 브랜드를 사람들에게 인식시키는 소닉 브랜딩(sonic branding)도 추진했다. 'I♥NY' 로고송은 프랭크 시나트라(Frank Sinatra), 빌리 조엘(Billy Joel), 마돈나(Madonna) 등 세계적인 가수와 배우들이 부르면서 더욱 유명해졌다. TV, 라디오, 신문, 옥외광고, 택시 광고 등을 통해 뉴욕시 전체에 'I♥NY'이 퍼져 나가며 대중의 폭발적인 사랑을 받았다.

　중요한 것은 뉴욕시가 'I♥NY'의 지적 재산권을 독점하지 않았다는 사실이다. 누구나 이 로고를 활용해 다양한 상품을 제작하고 판매할 수 있도록 했다. 이 같은 개방적인 태도 덕분에 'I♥NY'은 더욱 빠르게 일상에 스며들면서 큰 성공을 거두었다. 여러 기업과 브랜드, 개인이 참여해서 만든 다양한 관광상품은 뉴욕시의 주요 수익원이 되면서 새로운 경제효과를 낳았다.

행동하는 도시 브랜드, 'I♥NY'의 효과

　장기실업과 범죄로 그늘진 도시로 인식되었던 뉴욕은 'I♥NY' 캠페인을 통해 시민, 관광객, 투자자에게 살기 좋고, 관광하기 좋고, 비즈니스하기 좋은 도시라는

인식의 변화를 불러일으켰다. 꾸준한 이미지 메이킹으로
'I♥NY' 캠페인이 미국에서 가장 성공적인 관광
프로그램으로 자리 잡는 데는 그리 오랜 시간이 걸리지
않았다. 1976~1977년에 뉴욕을 찾은 관광객이 그 전에
비해 50퍼센트 이상 늘어난 데에는 'I♥NY'의 역할이
가장 컸다.

    'I♥NY'은 음악 분야에서도 두각을 나타냈다.
1987년 스팅(Sting)의 '잉글리시맨 인 뉴욕(Englishman in
New York)'에서부터 2000년대 이후 얼리샤 키스(Alicia
Keys)의 '엠파이어 스테이트 오브 마인드(Empire State
of Mind)'에 이르기까지 다양한 장르의 팝 음악을 통해
뉴욕은 전 세계인이 동경하는 도시로 거듭났다. 뉴욕은
미술, 디자인, 음악 등 다양한 문화를 통해 창조적
자원으로서 도시를 홍보했다. 뉴욕은 경제·금융의
중심일 뿐만 아니라 문화적 가치까지 더해져 많은
사람들에게 언젠가는 꼭 방문하고 싶은 매력적인 도시가
되었다.

    'I♥NY'은 뉴욕주와 뉴욕시가 추진해온 비즈니스
활성화 정책에도 긍정적인 영향을 미쳤다. 1970년대
후반 뉴욕은 관광도시로 발돋움했다. 1980년대에도
상승세는 지속되었다. 비즈니스를 위해 몰려온
사업자들, 컨벤션에 참가한 사람들, 다양한 관광객들이
뉴욕을 소비했다. 이런 경제 활성화는 재투자로
이어지는 선순환을 만들어냈다. 새로운 브랜드 가치를
만들어낸 뉴욕의 새로운 시대가 열린 것이다.

    2022년 '앤홀트-GfK 도시 브랜드 지수(CBI)'에
따르면 뉴욕의 도시 브랜드 경쟁력은 런던, 파리,
시드니에 이어 세계 4위다. 국가 브랜드(nation brand)라는

개념을 처음 만든 세계적 권위자 사이먼 앤홀트(Simon Anholt)의 도시 브랜드 지수는 6P를 바탕으로 22개국 2만여 명을 대상으로 설문조사를 진행해 순위를 매긴다. 6P는 존재감(Presence)(국제적 인지도와 위상), 장소(Place)(물리적 경관과 이미지), 잠재력(Potential)(경제와 교육 기회), 생동감(Pulse)(생활·여행의 매력과 재미), 사람들(People)(주민의 친절함과 개방성·안정성), 기초 조건(Prerequisites)(생활 기반시설)을 뜻한다.

세계 40여 개 도시를 대상으로 조사한 〈2022년 세계 도시 종합 경쟁력 지수(Global Power City Index 2022)〉 보고서에 따르면, 뉴욕은 런던에 이어 2위에 올라 있다. 창의적인 인재와 기업을 유치하는 경쟁력을 종합 평가해 순위를 매긴 결과다. 이 보고서는 일본 도쿄의 대표적인 도시개발 사업자인 모리 기념재단 도시전략연구소에서 2008년부터 발표해왔다. 도시 평가는 경제, 연구개발, 문화교류, 거주 적합성, 환경, 접근성 등 여섯 가지 기능에 따른 70개 지표를 기준으로 삼는다.

미국의 글로벌 경영 컨설팅 회사 A.T. 커니(A.T. Kearney)의 〈글로벌 도시 보고서(Global Cities Report)〉에 따르면, 2021년에 이어 2022년에도 뉴욕이 1위를 차지했다. 이 보고서는 비즈니스 활동(Business Activity), 인적 자본(Human Capital), 정보 교환(Information Exchange), 문화적 경험(Cultural Experience), 정치 참여(Political Engagement) 등 5개 항목으로 도시를 평가한다.

도시를 위로하고 재건하는 힘

새로운 도시 이미지를 통해 전 세계인의 사랑을 받아온 뉴욕은 2001년 9월 최악의 테러로 수많은

뉴욕 ⓒ 김진석

희생자가 발생하면서 사람들을 슬픔에 잠기게 했다.
9·11 테러 이후 밀턴 글레이저는 'I♥NY More Than Ever(그 어느 때보다 더 뉴욕을 사랑한다)'라는 포스터를 제작했다. 빨간색 하트 왼쪽에 검게 그을린 자국이 있는데, 이는 뉴욕의 왼쪽에 자리하다 9·11 참사로 무너진 세계무역센터를 상징한다. 'More Than Ever'라는 문구가 추가된 이 포스터는 〈뉴욕 데일리 뉴스(New York Daily News)〉를 통해 시민들에게 널리 알려졌으며, 상처받은 사람들의 마음을 어루만지고 민주주의의 가치를 더욱 소중하게 만들었다.

 뉴욕의 도시 브랜딩 활동은 다양한 방법으로 진행되었지만, 단 한 번도 'I♥NY'이라는 슬로건과 로고타이프 디자인을 바꾼 적이 없다. 이것이 뉴욕을 미국의 정신적인 수도, 세계도시로 인식시켜준 힘이었다. 물론 뉴욕의 도시 이미지가 'I♥NY'이라는 도시 브랜드 슬로건만으로 만들어진 것은 아니다. 도시의 정책이 도시의 정체성에 맞게 추진되고, 또 그 실체에 맞는 브랜딩 활동으로 이어졌기에 가능했다.

 그렇지만 'I♥NY'이 50년 가까운 긴 세월 동안 뉴욕의 일관된 도시 브랜드 이미지로 유지되고 있는 이유를 잘 생각해봐야 한다. 'I♥NY'이라는 강력하고 견고한 브랜드 가치는 성공적인 디자인과 탁월한 브랜딩 활동이 결합되어 만들어진 결과이기 때문이다. 이런 상징을 만든 디자이너가 평생을 브랜드와 함께 성장하고 그 브랜드 스토리를 함께 써 내려갔기에 가능한 일이었다.*

 오픈 소스(open source)처럼 저작권에 얽매이지 않고 누구나 'I♥NY' 브랜드를 활용해 다양한 콘텐츠를 만들고 공유할 수 있게 한 것도 뉴욕이라는 도시 브랜드의 지속성과 확장성에 큰 힘이 되었다. 뉴욕은 시민, 기업, 정부 등 도시를 구성하는 다양한 이해관계자의 노력과 도시를 소비하는 고객들의 충성도가 강하게 결합하여 일관되고 통일된 도시 브랜드 커뮤니케이션 전략을 펼쳐나갈 수 있었다. 'I♥NY'이 세계 최고의 도시 브랜드가 된 것은 결코 우연이 아니다.

    도시 브랜딩을 통해 도시의 가치를 끊임없이 실천하고 내·외부에 공감대를 형성할 때 다른 도시와 차별화된 확고한 도시 이미지를 만들 수 있다. 브랜딩은 브랜드 정체성을 실현하는 끊임없는 과정이다. 내가 바라는 나의 모습을 실천해가는 과정이며 묘비명에 내 이름이 새겨질 때까지 끝나지 않는 과정이다.

    우리가 살고 있는 수많은 도시에도 이런 과정이 담긴 도시 브랜드가 필요하다. 도시의 실체를 점검하고, 지속가능하고 차별적인 경쟁력을 바탕으로 도시 정체성을 만들고, 시정 활동과 시민참여 캠페인 등에서도 정체성을 바탕으로 일관된 활동을 펼쳐 도시의 이미지를 쌓아가야 한다. 새로운 가치, 새로운 전략, 새로운 실천으로 함께 만들어나가는 도시의 '리브랜딩'이 필요한 시점이다.

●   세계적인 도시 브랜드 'I♥NY' 로고를 디자인한 밀턴 글레이저는 2020년 6월 26일 91세의 나이로 세상을 떠났다. 1929년 6월 26일에 태어난 그는 공교롭게도 자신의 생일에 눈을 감았다. 그는 평생에 걸쳐 뉴욕을 세계가 가장 사랑하는 도시로 만드는 데 온 힘을 쏟았다.

02 기업 브랜딩과 도시 브랜딩

모든 도시는 다양한 목적과 복잡한 이해관계로 얽혀 있지만 '공공성'을 추구한다는 공통점을 갖고 있다. 도시 브랜드와 기업(제품) 브랜드의 가장 큰 차이점은 이윤 창출이라는 명확한 목적과 핵심 타깃의 유무이다. 그렇다면 도시 브랜드는 기업 브랜드와 무엇이 같고 또 무엇이 다를까? 도시 브랜딩은 기업이나 제품의 브랜드 마케팅 활동처럼 일관적이고 체계적으로 목표를 달성할 수 있을까?

지역 기반 스토리텔링의 힘

스위스의 가방 브랜드 프라이탁(Freitag)은 대표적인 업사이클링(upcycling)(새활용품에 디자인과 활용성을 더해 새로운 가치를 지닌 제품을 만드는 것) 브랜드다. 1993년 20대 초반의 프라이탁 형제가 트럭 방수포

같은 재활용 소재로 세상에 하나뿐인 '나만의 백'을 만들었다. 트럭 짐칸을 덮는 용도로 쓰이던 튼튼하고 질긴 방수포로 가방을 만든 것이 프라이탁 브랜드의 출발이었다.

　　프라이탁은 1994년 스위스 취리히에서 홍보(PR) 행사를 열었다. 취리히에서는 변덕스러운 날씨 때문에 가방 속 물건이 눅눅해지기 쉬운데 프라이탁 가방은 방수 기능이 있어 사람들의 주목을 받았다. 2002년 프라이탁은 온라인 사이트에 'F-CUT' 메뉴를 만들었다. 소비자가 직접 원하는 천의 부분을 선택해서 자신만의 유일한 가방을 만들 수 있게 한 것이다. 프라이탁은 실용성과 친환경성, 그리고 세상에 하나뿐이라는 차별성 덕분에 세계적인 브랜드가 되었다.

　　블레이크 마이코스키(Blake Mycoskie)라는 미국 청년은 2006년 아르헨티나를 여행하다가 맨발로 먼 거리를 걸어 다니는 아이들을 만났다. 이 아이들에게 어떻게 지속적으로 신발을 전달해줄 수 있을지 고민하다가 아르헨티나의 전통 신발인 알파르가타의 착화감에서 영감을 얻어 심플한 신발 탐스(TOMS)를 만들었다. 한 켤레가 팔릴 때마다 다른 한 켤레를 맨발의 어린이에게 기부하면서 탐스는 많은 이에게 사랑받는 지속가능한 브랜드로 자리 잡았다.

　　생수 브랜드로 세계적 명성을 얻은 에비앙(Evian)도 프라이탁이나 탐스와 같이 지역의 특성을 기반으로 하는 매력적인 스토리를 갖고 있다. 1789년 신장 결석을 앓던 레세르라는 후작이 프랑스 알프스 자락의 작은 마을 에비앙에서 샘물을 마신 뒤 병이 나았다는 소문이 퍼지면서 에비앙 마을에는

스위스 업사이클링 브랜드 프라이탁

기적을 경험하려는 사람들의 발길이 끊이지 않았다.
1878년 프랑스 의학아카데미는 이 샘물의 치료 효과를
인정했다. 에비앙은 이를 바탕으로 생수 브랜드의
일인자가 되었다. 에비앙 브랜드는 생수뿐만 아니라
마을 자체를 관광지로 만들고, 다양한 브랜드와
협업하며 패션 아이콘으로도 진화했다.

지역의 환경적 특성, 전통문화 등 유·무형의
자산을 바탕으로 관심을 끈 브랜드들은 이처럼 흥미로운
스토리텔링을 기반으로 소비자에게 더욱 친근하게
다가갔다.

스타벅스와 시애틀

로맨틱 영화의 대명사 〈시애틀의 잠 못 이루는
밤〉의 배경으로 유명한 도시. 손님과 거래가 성사되면
생선을 카운터로 던지는 이른바 플라잉 피시(flying
fish)로 유명한 파이크 플레이스 마켓(Pike Place Market)과
1971년 탄생해 지금까지 세계인의 사랑을 받고 있는
스타벅스(Starbucks), 그리고 제2차 세계대전에 사용된
장갑차로 만든 오리 모양의 수륙양용 관광버스 라이드
더 덕스(Ride the Ducks)까지 다양한 브랜드가 모여 있는
도시 시애틀(Seattle)도 브랜드가 될 수 있을까?

결론부터 말하자면, 도시도 브랜드가 될 수 있다.
다만 브랜딩의 목표와 목적이 기업이나 제품이 추구하는
것과 다르고, 이해관계자가 훨씬 복잡하게 얽혀 있을
뿐이다. 그렇기 때문에 도시를 브랜딩하려면 우선 기업
브랜드와의 차이점을 명확하게 이해하는 것이 중요하다.

첫 번째 차이는 목표와 타깃이다. 기업의
비전은 비교적 명확하다. 이해관계자도 기업의 이익을

파이크플레이스 마켓, 시애틀 ©Wikimedia Commons

위해 모인 고용주, 투자자, 관계사, 피고용인 등으로 단순하다. 타깃이 되는 고객 역시 제품이나 서비스에 따라 비교적 명확하게 정의할 수 있다.

하지만 도시는 기업이나 제품과 달리 좀 더 복잡한 관계망으로 얽혀 있다. 무엇보다 그 도시에 살고 있는 시민들의 구성이 다양하다. 나이, 성별, 직업, 경제적 여건, 거주 형태, 취향이나 취미 등 다양한 스펙트럼을 지닌다. 여기에 그 도시를 찾는 전 세계 관광객, 도시 정책과 행정을 담당하는 관계자, 도시에 투자하려는 개인과 기업 등 아주 다양한 이해관계 집단으로 구성되어 있다. 그렇기 때문에 도시를 마케팅하기 위한 목표 고객 역시 다양하다. 관광을 목적으로 할 때는 관광객, 기업투자를 유치하기 위해서는 다양한 기업, 거주 만족도를 높이는 것이 목표일 때는 시민이 도시 브랜딩의 대상이 된다. 따라서 도시를 브랜딩할 때는 도시의 큰 비전 아래 목표를 세분화할 필요가 있다. 각각의 목표에 맞는 타깃을 설정해서 실행전략을 수립해야 한다.

두 번째 차이는 소유주다. 기업이나 제품 브랜드는 소유주가 주주와 대표이사 등으로 명확하다. 따라서 브랜드가 추구하는 목표를 설정하거나 브랜딩 활동을 일관되게 정의하고 추진하는 과정이 훨씬 수월하다. 또한 시장경제 체제에서 빠른 결정은 이익과 직결되기 때문에 의사결정이 신속하다. 활동에 대한 책임 소재도 명확하다.

반면 도시의 소유주는 '시민'이다. 인원도 훨씬 많고 각각의 이해관계도 복잡하게 얽혀 있다. 이런 시민들을 도시 브랜드의 주체로 설정하기도 어렵고,

도시 브랜딩 활동에 대한 책임을 묻기도 힘들다. 그래서 도시 브랜드에서는 소유주보다 운영 주체에 주목해야 한다. 시민들이 직접 투표해서 뽑은 시장, 그리고 도시 정책을 수행하는 사람들이 바로 그들이다. 문제는 선거 결과에 따라 운영 주체가 바뀌고, 또 그 운영 주체에 따라 도시 정책이 바뀌게 된다는 점이다. 이는 도시 브랜딩 활동을 일관성 있게 견지하고 지속가능하게 추진해나가는 데 걸림돌이 되기도 한다.

세 번째 차이는 성과 측정이다. 기업이나 제품은 매출액, 시장점유율, 소비자 만족도 등 구체적인 목표를 세울 수 있고 이를 측정할 수 있다. 매년 성과 목표를 세워 관리할 수 있고, 그 결과에 따라 전략을 변경하거나 새로운 브랜딩 방향을 정할 수 있다.

반면 도시는 정량적인 결과를 측정하기가 쉽지 않다. 그래서 눈에 보이는 결과인 도시 브랜드 슬로건 개발, 개발 과정의 전략적 지표(워크숍 개최, 전문가 자문, 시민 투표 참여율 등), 도시 상징물(로고타이프, 심벌마크, 도시 색채 가이드라인, 캐릭터 등) 리디자인을 성과로 보는 경우가 많다. 그러나 이는 도시 브랜딩 활동 가운데 빙산의 일각일 뿐이다. 측정하기 어렵고 눈에 보이지 않는 여러 도시 브랜딩 활동도 꾸준히 일관성 있게 추진해나가는 것이 중요하다.

도시 브랜딩의 목적은 도시의 독창적이고 강력한 정체성을 만들어 사회·경제·문화적 경쟁력을 높이는 것이다. 그러나 도시마다 사회·문화적 특징이 모두 다르고 구성원이 복합적이며 공적인 요소들이 얽혀 있기 때문에 모든 도시에 적용할 수 있는 브랜딩 공식은 없다. 다만 한 가지 공통점이 있다면, 어느 도시에서나 도시 브랜딩은 완결될 수 없는 목표라는 점이다. 그렇기 때문에 도시 브랜딩은 절차와 과정에 의미를 두고 꾸준히 진행해야 한다.

　　도시 브랜딩과 기업 브랜딩은 브랜딩이라는 큰 틀에서는 접근 방법이 유사하지만, 도시의 경우 훨씬 더 많은 이해당사자가 있고 훨씬 더 복잡한 과정을 거치기 때문에 브랜드 전략과 실행에 대한 합의를 얻어내기가 어렵고 이해관계의 충돌이 발생하기도 한다. 브랜딩 담당자의 한정된 임기나 공무원 사회의 순환보직 제도로 인해 사업의 연속성을 보장하기 어려울 때도 있다. 무엇보다 지자체장 등 기관의 수장이 정해진 임기 동안 성과를 내야 하기 때문에 실행에도 시간적 제약이 따른다.

　　이런 이유로 도시 브랜딩은 기업 브랜딩보다 더 총체적이고 체계적인 시야를 갖고 접근해야 한다. 또한 각 도시만의 브랜딩 과정이 시스템으로 구축되고 지속가능하며 일관성 있게 추진되어야 도시의 비전에 수렴할 수 있다.

　　기업이나 제품 브랜드와 마찬가지로 도시 브랜드도 경쟁우위를 점하기 위한 노력이 필요하다. 도시를 브랜드화하기 위해서는 해당 도시와 브랜드 정체성 간에 연계성(connective)이 있어야 하고, 경쟁 도시와 차별성(different)이 있어야 한다. 아울러 도시의 가치와 연관된 적절성(relevant)을 가져야 하고, 지속가능해야(sustainable) 한다.

어떤 도시를 만들 것인가

　　많은 도시가 도시 브랜드 슬로건을 개발한다.

그런데 사람들은 그것을 도시 브랜드로 여긴다. 하지만 도시 브랜드는 '서울', '부산', '광주', '춘천'처럼 도시 이름 그 자체다. '뉴욕' 그 자체가 도시 브랜드이며 'I♥NY'은 새로운 뉴욕을 만들기 위한 캠페인 슬로건이다. '애플' 그 자체가 기업 브랜드이고 'Think Different'는 애플의 혁신을 알리기 위한 캠페인 슬로건이다.

도시 브랜드는 다양한 상징을 갖고 내·외부와 소통한다. 도시 브랜드 슬로건은 도시의 비전을 담은 커뮤니케이션 메시지라고 할 수 있다. 슬로건은 쉽게 변하지 않지만, 언젠가 도시의 비전이 바뀐다면 변할 수 있는 도시의 언어적 상징 요소 가운데 하나다.

도시 브랜드를 대표하는 상징은 크게 두 가지로 나눌 수 있다. '언어적 상징(verbal identity)'과 '시각적 상징(visual identity)'이다. 언어적 상징은 도시 이름과 비전, 그 비전을 달성하기 위한 슬로건 등을 일컫는다. 브랜드가 고정된 실체가 아니라 사람들 마음속에 형성된 다양한 연상의 총합이기 때문에, 언어적 상징을 구상하는 것은 다양한 연상 중 어떤 것을 브랜드의 가장 강력한 대표 이미지로 만들지 커뮤니케이션 전략을 수립하는 첫 단계이다. 시각적 상징은 도시 브랜드가 다양한 이해관계자에게 좀 더 명확하고 친근하게 다가가도록 해주는 시각물이다. 심벌마크, 로고타이프, 캐릭터, 그래픽 모티브 등이 있다.

그렇다고 해서 '언어적 상징 + 시각적 상징'이 곧 도시 브랜드를 형성하는 필요충분조건은 아니다. 성공적인 브랜드를 만들려면 어떤 기업이 되고자 하는지, 그리고 원하는 기업이 되기 위해서 어떤 제품을 만들고 어떤 서비스를 제공하며 어떻게 커뮤니케이션할 것인지를 결정해야 한다. 언어적 상징과 시각적 상징뿐만 아니라 제품을 만드는 정신, 고객과 소통하는 방법, 고객에게 전달하고자 하는 가치, 고객이 접하는 다양한 경험까지 포괄하는 것이 브랜드다. 예전에는 '브랜드 정체성(brand identity)'이라는 용어를 많이 썼지만 최근에는 '브랜드 경험(brand experience : BX)'이라는 용어를 많이 사용한다. 이제 브랜드의 핵심은 경험하게 하는 것이다.

도시 브랜드도 마찬가지다. 도시 이름을 붙인 화려한 슬로건을 만들고 대대적으로 홍보하기에 앞서 도시의 비전을 설정하는 일이 선행되어야 한다. '어떤 도시를 만들 것인가'에 대한 사람들 사이의 공감대를 만들고, 다양한 주체들이 참여해 도시의 비전에 맞는 브랜딩 활동을 펼쳐야 한다.

진정한 '도시다움'은 '경험'으로 만들어진다

'도시다움'에 대한 실체를 만드는 것은 매우 복잡하고 어려운 일이다. 우선 경제, 문화, 사회, 복지 등 다양한 정책부서가 도시 비전 달성을 위한 목표 아래 일관된 정책을 지속적으로 펼쳐야 한다. 그리고 도시 비전에 맞는 캠페인을 통해 시민들을 결집시켜야 한다. 짧은 시간에 성과를 내기는 어렵지만, 시민이 살고 싶은 도시, 관광객이 방문하고 싶은 도시, 기업이 투자하고 싶은 도시로 거듭나기 위해서는 꾸준히 펼쳐야 하는 활동이다.

브랜드의 가치는 가격이 아닌 차별화된 경쟁력으로 결정된다. 브랜드가 소비자에게 차별적인

서울

가치를 제공하고 소비자가 그 가치에 공감하면 구매로 이어진다. 다른 사람에게 그 브랜드를 소개하고 구매를 권유하는 등 브랜드에 대한 소비자의 애착이 강해지면 그 브랜드는 훨씬 더 큰 힘을 갖게 된다.

　　　　브랜드에 대한 일반적인 개념은 도시에도 그대로 적용된다. 모든 도시에는 그 도시만의 차별성이 있다. 그 차별성을 살려 진정성 있는 스토리를 기반으로 가치를 만들게 되면, 그 차별적인 가치를 통해 살고 싶고, 투자하고 싶고, 방문하고 싶은 매력적인 도시가 된다.

　　　　브랜드는 21세기에 접어들어 그 개념이 진화하면서 브랜드 소유주가 통제할 수 있는 환경에서 벗어났다. 시장 환경이 진화함에 따라 브랜드의 정보나 진실성이 투명하게 공개되고 있기 때문에 브랜드는 더 이상 브랜드 소유주가 통제할 수 있는 관리 대상이 아니다.

　　　　도시 브랜드도 마찬가지다. 도시의 비전을 담은 브랜드 슬로건을 만들어 다양한 매체를 통해 홍보하는 것만으로 도시 이미지를 만들 수 있는 시대는 지나갔다. 도시의 비전에 공감할 수 있는 시민참여 캠페인, 시민을 포함한 거버넌스(공동의 목표를 달성하기 위해 모든 이해 당사자들이 책임감을 가지고 투명하게 의사결정을 할 수 있는 제반 장치) 구축을 통해 시민들이 다양한 도시 활동에 직간접적으로 참여할 수 있는 기회를 확대해야 한다. 지속적인 소통을 통해 함께 만들어나가야 하는 것이다.

　　　　도시의 리브랜딩에는 브랜드 슬로건을 다시 만드는 것보다 브랜딩 활동과 경험을 강화하는 전략이 필요하다. 도시 비전 달성을 위한 핵심가치를 강화할 것인가, 도시의 다양한 가치 중 다른 가치로 이동할 것인가, 아니면 시대에 맞는 새로운 가치를 찾을 것인가. 이에 따라 도시 리브랜딩 활동을 전략적으로 재설계해야 한다.

03 도시의 고유성과 진정성

"아는 만큼 보인다."

어려운 미술 작품도 작가의 의도를 알고 나면 이해하기가 쉽다. 작가가 왜 이런 그림을 그렸는지 배경 설명을 듣고 조형에 담긴 이야기와 색채의 의미를 파악하게 되면, 그 작품은 관람객에게 더 이상 난해한 그림이 아니다. 작가의 세계에 들어감으로써 공감하고 애착을 느낄 수 있는 접점이 생긴다.

브랜드도 마찬가지다. 브랜드의 탄생 배경과 특징이 브랜드의 '실체'와 연결되어 있어야 한다. 정보를 생산하는 주체가 제한되고, 일반 시민의 정보 접근성이 떨어졌던 시대에는 브랜드가 브랜드 실체를 가릴 수 있는 가림막이 되기도 했다. 그러나 21세기 기술 진보의 시대가 도래하면서 정보의 주권이 시민에게 넘어갔다. 시민들이 정보에 접근하고 재생산하며 확산시키는 주체가 되었고, 가림막에 숨은 브랜드 실체를 소비자가 검증하고 진위를 평가할 수 있게 되었다. 《진정성의 힘(Authenticity)》의 저자 B. 조지프 파인 주니어(B. Joseph Pine II)와 제임스 H. 길모어(James H. Gilmore)는 이 시대의 소비자는 브랜드가 진짜인지 가짜인지 구별할 수 있다고 했다. 과거에는 정부나 기업이 정보 생산의 주체였지만, 정보 주권의 재편성으로 소비자와 시민이 정보의 생산자이자 유통의 주체가 되면서 대기업 등이 자본력으로 자신의 불리한 정보를 숨기는 시대는 지나갔다는 것이다.

브랜드 진정성은 진짜 브랜드를 만드는 데서 시작한다. 브랜드 실체를 바탕으로 하되 강점(차별적이고 경쟁력 있는 것)으로 브랜드 정체성을 만들고 이를 소비자 인식 속에 자리 잡게 해야 한다.

산펠레그리노의 124년: '최고'에 대한 진정성

이탈리아의 미네랄워터 브랜드 산펠레그리노(Sanpellegrino)의 탄생은 19세기 초 귀족들이 이탈리아 북부 내륙 알프스 기슭에 자리한 '산펠레그리노테르메'로 여행하며 건강을 위해 물을 마시고, 병에 담아 물을 가져가던 때부터 시작되었다. 알프스 계곡의 물이 이곳에 도달하기까지 30년, 그 기간 동안 자연 여과되는 물에는 무기염류가 다량 함유되어 '기적의 물'로 불렸다고 한다. 1899년 설립된 산펠레그리노 회사는 물에 대한 권리를 사들이고 제품화하여 판매하기 시작했고, 20세기 초에는 호텔과 카지노를 설립해 이 마을을 유럽 귀족들이 즐기는 상류사회의 휴양지로 번창하게 했다. 그뿐 아니라

'최고의 테이블 워터(The Best Table Water)', '테이블의 진정한 여왕(The True Queen of the Table)'으로 브랜딩하기 시작했다.

산펠레그리노는 물맛의 차이를 설명하는 일에 진심이다. 미네랄워터의 물맛을 좌우하는 토양에서부터 수질 관리와 성분 테스트, 탄산 함유량에 이르기까지 꼼꼼하게 설명하면서 자신의 브랜드가 비교우위에 있음을 고객들에게 알려 선택받도록 한다. 그리고 물맛 못지않게 '어디에서, 왜 마실지'를 중요하게 생각한다. 산펠레그리노는 파인 다이닝, 즉 말 그대로 격식을 갖춘 고급 레스토랑을 주 무대로 삼고 있다. 파인다이닝이 활성화되면 매출이 오르기 때문에 셰프들을 위한 아카데미를 개설하고 요리 대회도 연다. 직접 미식시장을 키우는 것이다. 그리고 '비시(Vichy)'라는 목이 길고 아래로 매끈하게 넓어지는 녹색 유리병을 통해서도 브랜드의 가치를 전달한다. 전문가가 아닌 이상 마셔도 큰 차이를 느끼지 못하는 물의 특성상, 산펠레그리노는 시각적으로도 프리미엄 브랜드임을 보여주기 위해 회사 설립과 함께 이 유리병을 사용하며 회사가 지향하는 브랜드 가치인 '맛과 우아함(Taste and Elegance)'에도 한발 더 다가섰다.

수많은 브랜드가 존재하는 지금은 그야말로 브랜드 전성시대라고 표현해도 과언이 아니다. 이런 수많은 브랜드 중 고객의 마음에 자리 잡은 브랜드들에는 한 가지 공통점이 있다. 바로 '이 브랜드는 정말 이것만큼은 진심이구나!'라는 강력한 하나의 USP(unique selling point)(독자적인 판매 가치 제안. 다양한 가치들 중 강력한 차별화를 통해 고객에게 소구할 수 있는 상징적인 장점)를 갖고 있다는 것이다.

산펠레그리노는 수많은 물 브랜드 중에서 '최고의 테이블 워터'라는 특징을 소구점으로 만들었다. 어느 자리에서나 만날 수는 없지만, 다이닝 테이블에서 만나게 되었을 때 그 자리를 격식 있게 만들어주는 최고급 테이블 워터. 이런 브랜드가 되기 위해 물에 대한 권리를 사들였던 1899년부터 철저하게 수질을 관리하고 공개하는 활동을 벌이고 있다.

세계적인 명소로 탈바꿈한 산티아고 순례길

산티아고 순례길은 스페인과 프랑스 접경에 위치한 가톨릭 순례길이다. 스페인의 수호성인 성 야고보의 무덤이 있는 스페인 북서쪽 도시 산티아고데콤포스텔라(Santiago de Compostela)로 향하는 길로 약 800킬로미터에 이른다. 직역하면 '빛나는 별 들판의 산티아고'라는 뜻인데, 8세기경 이 길을 지나던 주민들이 별들이 구릉지 들판을 맴도는 것을 발견하고 그곳을 조사하던 중 야고보의 무덤을 발견하면서 이런 이름이 붙었다. 이 길은 잘 정비되어 편하게 걸을 수 있는 순탄한 도로가 아니다. 또한 40일 이상을 걸어야 하기 때문에 체력적으로나 정신적으로도 쉽지 않다. 교황 알렉산데르 3세가 성스러운 도시로 선포한 이후 1000년이 넘는 역사를 가진 이 길은 1987년 파울루 코엘류(Paulo Coelho)가 직접 순례길을 걷고 집필한 《순례자》가 출간되면서 더욱 널리 알려졌다.

종교적인 장소로만 알려졌던 이 순례길은 엘리아스(Elías Valiña) 신부를 통해 브랜딩되면서 세계적인 명소로 탈바꿈했다. 엘리아스 신부의 업적은

산티아고 순례길 ⓒ 김진석

크게 두 가지다. 첫 번째로, 성 야고보의 관(棺)에 있는 수많은 가리비 장식을 시각화해 순례길을 상징하는 로고를 만들었다. 선교 중 예루살렘에서 참수를 당한 야고보의 유해를 배에 실어 그가 오랫동안 선교하던 스페인 갈리시아 지방으로 떠나보냈다. 이후 갈리시아 바닷가에서 배가 발견되었는데, 가리비가 배를 둘러싸고 있어서 유해가 바다로 떠내려가지 않았다고 한다. 이에 순례를 마친 사람들 중 일부가 야고보의 유해가 도착한 바닷가에서 가리비 껍질을 주워 자신의 지팡이에 매달았고, 이것이 순례를 완성했다는 증표가 되면서 야고보를 수호한 가리비가 산티아고 순례길의 상징이 되었다.

두 번째는 노란색 이정표다. 순례길을 걷다 보면 수많은 노란색 화살표를 볼 수 있다. 엘리아스 신부는 순례자들이 길을 잃지 않도록 곳곳에 노란색 화살표로 순례길을 표시해 산티아고 순례길만의 정체성을 만들었다. 그러나 치유의 길, 고행의 길이라 불리는 산티아고 순례길의 이정표는 정돈되어 있지 않다. 구간마다 장소의 특징을 해치지 않는 선에서 나무나 돌로 만든 이정표가 세워져 있거나 돌담이나 길에 칠해져 있기도 하다. 때론 이정표가 없는 곳도 있는데, 이럴 때는 앞서가는 사람이 뒷사람들을 위해 돌멩이를 모아 화살표를 만들어놓기도 한다.

엘리아스 신부의 이정표는 순례길을 매력적으로 보이게 하거나 편의성을 높이기 위해 만든 것이 아니다. 순례자들이 길을 잃지 않도록 돕는 최소한의 장치다. 엘리아스 신부 이후의 순례자들이 소박하게 만들어가는 임시 이정표도 마찬가지다. 내가 찾지 못해 헷갈렸던 길을 따라오는 사람들이 잘 알아보도록 최소한의 배려로 만들어놓은 것이다. 길에 담긴 종교적 의미를 행동으로 구현하고 있는 것이다.

산티아고 순례길은 성 야고보의 이야기를 배경으로 성지가 되었다. 1000년이 넘는 기간 동안 이 순례길은 성지 순례라는 본질적인 역할을 충실히 수행했을 뿐만 아니라 관광지로서의 성격도 갖게 되었다. 과거에 숙소와 수도원에서 일정 간격으로 종을 울려 순례자들이 길을 잃지 않도록 해주었던 것처럼, 노란색 화살표는 순례자와 관광객이 길을 잃지 않도록 도와주고 있다. 비영리 또는 영리 단체에서 운영하는 저렴한 숙소와 수도원은 순례자와 관광객을 끌어들이고 있다. 이 길을 찾는 목적은 다각화되었지만, 800킬로미터, 40여 일간의 긴 여정을 통해 종교적이든 세속적이든 인생을 되돌아보고 삶의 방향을 찾는 사람들을 모이게 한다는 점에서 산티아고 순례길은 '고행과 치유'라는 진정성을 1000년 이상 유지해왔다고 볼 수 있다.

진실한 소통의 힘, 게센누마 니팅

게센누마(氣仙沼)시는 일본 미야기(宮城)현 북동부에 위치한 곳이다. 주요 산업은 어업과 관광업으로, 일본의 중요한 원양어업 기지이자 고급 요리 재료인 상어 지느러미의 산지로 유명하다. 2011년 약 7만 5000명이었던 인구는 2023년 9월 현재 5만 7000명이다. 2011년 도호쿠 지방 대지진으로 쓰나미 피해를 입었으며, 이때 항구에 있던 어선용 연료탱크가 전복되면서 불이 붙는 바람에 도시 전체가 화마에

휩싸였다. 게센누마시에서는 생업을 잃은 사람들의 피해 복구와 새로운 일자리 창출을 위해 '뜨개질' 사업을 시작했다. 브랜드명은 '게센누마 니팅(Kesennuma Knitting)'. 지역문화였던 뜨개 기술을 고품질 손뜨개 니트 산업으로 변모시켰다. 그렇다면 왜 뜨개질일까?

어업이 중심이었던 게센누마에서는 어부가 바다에 나가면 나머지 가족들이 안전한 귀가를 기원하며 스웨터를 떴고, 어부도 바다에서 그물을 떴다고 한다. 뜨개 문화가 생활문화로 이미 존재하는 데다가 뜨개질을 잘하는 사람들이 많았기 때문에 브랜드 아이덴티티와 브랜드 실체가 명확하게 일치했다.

'게센누마 니팅'은 지진재해 복구 활동에만 기대어 물건을 판매하지 않았다. 오래 지속되는 사업이 되기 위해 '모노즈쿠리(ものづくり)'를 하는 브랜드다. 모노즈쿠리는 물건을 의미하는 '모노(物)'와 만들기를 의미하는 '즈쿠리(作り)'를 합성한 말로, 단순한 제조를 넘어서 장인정신을 담아 최고의 물건을 만든다는 뜻이다. 요컨대 일본의 장인정신을 바탕으로 한 제조문화를 말한다.

게센누마 니팅은 고품질 양모로 실을 만드는 것부터 시작되며 지역의 50~60대 여성들이 뜨개질을 한다. 그러면서 니트 디자이너와 협업을 통해 최고의 품질을 유지한다. 대지진으로 도시 인프라 대부분이 피해를 입었지만 핸드메이드 뜨개질은 공장이 아닌 가설주택에서도 바로 시작할 수 있다는 점도 게센누마에는 유효한 사업 방향이었다.

세센누마 니팅 제품은 한 벌에 150만 원 정도 한다. 기계를 통해 천편일률적으로 생산되는 스웨터였다면 소비자는 그렇게 큰 돈을 지불하지 않았을 것이다. 게센누마 니팅은 주문과 동시에 만들어지는데, 소비자가 게센누마에 직접 방문해 사이즈를 재고 약 6개월에 걸쳐 제작이 이루어진다. 누가 그 스웨터를 뜨고 있는지 알 수 있으며 스웨터의 제작 경과를 엽서로 공유한다. 제품을 만드는 단계에서부터 소비자와 지속적으로 교감하며 브랜드 애착을 형성시키는 것이다. 또한 완성된 스웨터를 받기 위해서는 소비자가 다시 게센누마에 찾아와 시착을 해야 한다. 이런 과정 덕분에 사람들의 방문이 증가하고, '뜨개'의 장인정신을 바탕으로 소비자와 진정성 있게 소통하며 브랜드를 강화한다.

게센누마의 지역문제를 해결하기 위해 시작된 브랜드의 사회적 가치, 소비자와 생산자가 소통하며 만들고 고쳐 입는 고유한 감성, 장인의 혼을 담아 만드는 진정성까지 갖춘 게센누마 니팅의 제품은 소비자 한 사람 한 사람에게 꼭 맞는 세상에 단 하나뿐인 스웨터가 되었다.

자신의 말에 거짓이 있는지 없는지는 자기 자신이 가장 잘 안다. 브랜드 진정성을 표현하는 것은 그런 자신의 마음에 이야기하는 것과 같다. 커뮤니케이션하는 내용이 진실인지 아닌지 쉽게 알 수 있는 세상이 되었지만, 그 무엇보다 더 가까운 진실은 브랜드 실체에 있기 때문이다. 브랜드 고유성을 유지하기 위해 진정성을 담아 꾸준히 브랜딩하는 것, 바로 이것이 지속가능한 브랜드를 만드는 첫걸음이다.

04 도시 브랜드 슬로건

호사유피 인사유명(虎死留皮 人死留名). 호랑이는 죽어서 가죽을 남기고, 사람은 죽어서 이름을 남긴다는 말로 사람이 살면서 추구해야 하는 가치와 그 가치가 죽음 이후 어떻게 전해져야 하는지를 일깨우는 성어다. 인생의 방향을 설정하고 행동과 선택을 이끌어가는 중요한 원칙이 될 수 있다.

'이름'의 뜻을 국어사전에서 찾아보면 "다른 것과 구별하기 위해 사물, 단체, 현상 따위에 붙여서 부르는 말"이라고 풀이되어 있다. 사람은 물론이고 제품과 기업, 지역까지도 이름은 그 자체로 남다른 의미를 가진다. 이 짧은 이름 속에 여러 의미를 담을 수 있고, 탁월한 네이밍(상표나 회사 등의 이름을 짓는 일)은 강력한 브랜드의 원친이 된다. 브랜드 정체성이라는 개념을 최초로 제시한 미국의 사회학자 데이비드 아커(David

Aaker)는 "브랜드 이름의 기본적인 가치는 사람들이 브랜드 이름을 통해서 얻는 연상의 집합을 통해 그 의미를 찾을 수 있다"고 말한다.

마케팅에서 네이밍은 소비자에게 제품이나 서비스를 인식시키는 첫 번째 단계이자 제품에 차별성을 부여하는 필수 요소다. 고객에게 기업이나 제품을 인식시키고 그들의 기억에 이름을 남기는 일은 도시 브랜딩에도 그대로 적용된다.

'마케팅의 아버지'로 불리는 필립 코틀러(Philip Kotler)는 여성 두 명의 사진을 통해 이름이 브랜드 이미지에 어떤 영향을 주는지 실험을 했다. 이름이 없을 때는 두 명에 대한 사람들의 선호도가 비슷했다. 그런데 각각 엘리자베스(Elizabeth)와 거트루드(Gertrude)라는 이름을 붙였더니 80퍼센트 정도의 사람들이 엘리자베스에게 호감을 느꼈다고 한다. 거트루드라는 이름은 일반인이 쉽게 들어보지 못했으며, 발음이 불편한 데다, 영국 여왕을 연상시키는 엘리자베스보다 세련되지 못한 느낌을 전달한 것이다.

이 실험 결과는 브랜드의 여러 요소가 중요하지만 그중에서도 '이름'이 갖는 힘이 크다는 것을 의미한다. 이처럼 브랜드 이름은 브랜드 이미지를 결정하는 매우 중요한 요소다. 브랜드 이름은 고객의 마음에 다가서기 위한 첫걸음이기 때문에 브랜드가 고객에게 제공하려는 가치를 분명하게 담아내는 것이 좋다.

'현대 경영학의 창시자'로 일컬어지는 피터 드러커(Peter Drucker)는 "모든 비즈니스는 반드시 위대한 미션에서 출발한다"고 했다. 비즈니스의 목적은 미션을 달성하는 것이며, 이를 위해 기업의 핵심가치를 잘 반영하는 브랜드 네이밍을 개발하는 것이 중요하다. 아무리 훌륭한 기능과 가치를 지닌 브랜드라고 해도 소비자에게 제대로 전달되지 못한다면 무용지물이기 때문이다.

도시를 빛나게 하는 브랜드 슬로건

'브랜드'란 기업의 제품 또는 개인, 장소, 도시, 국가 등에 '자기다움'을 입혀 다른 것들과 구별되는 차별성을 소비자에게 인식시키는 표지다. 도시 브랜딩은 해당 도시에 대한 긍정적인 가치와 인식을 심어주는 한편, 부정적인 측면을 해소해 다른 도시와 차별적인 경쟁력을 갖게 만드는 역할을 한다.

도시 브랜딩은 해당 도시에 사는 사람들의 충성도를 높이고 도시 브랜드의 가치를 높여나가는 일련의 과정이다. 도시 브랜딩은 도시의 개성이나 차별화할 수 있는 장점을 사람들에게 인식시키고, 그 과정에서 만들어진 긍정적 이미지를 강화해 지향하는 메시지를 효과적으로 전달하고 소통해야 한다.

탁월한 네이밍이 강력한 브랜드의 원천인 것처럼, 잘 만들어진 슬로건은 도시 브랜드를 빛나게 한다. 슬로건은 브랜드의 정체성을 쉽게 전달하기 위해 만든 언어적 요소 가운데 하나다. 구체적이며 기억하기 쉬워야 한다. 슬로건을 개발할 때는 단순하면서도 직관적으로 브랜드의 의미를 알 수 있게 해야 하며, 가독성도 고려해야 한다. 슬로건과 그 디자인은 도시가 갖고 있는 차별화된 가치를 제대로 반영할 때 더 큰 효과를 얻을 수 있다.

한국의 도시 브랜드 슬로건은 2002년 서울시의 '하이 서울(Hi Seoul)'이 시초라고 할 수 있다. 그 뒤로 전국 지자체에서 도시 슬로건 만들기가 유행처럼 번졌다. 물론 '하이 서울' 이전에도 정책 슬로건이나 관광 슬로건으로 사용된 도시 슬로건은 존재했다. 그러나 각종 행사와 홍보물, 문서 등 모든 활동에 일관되게 도시 브랜드 슬로건을 사용한 것은 서울시의 '하이 서울'이 처음이었다.

서울시의 도시 슬로건은 시민 공모 브랜드 '아이·서울·유(I·SEOUL·U)'를 거쳐 2023년 '서울, 마이 소울(SEOUL, MY SOUL)'에 이르기까지 한국의 대표 도시답게 많은 사람의 관심을 받았다. '아이·서울·유(I·SEOUL·U)'는 론칭 당시 문법에 맞지 않는 문장이라는 지적을 받았다. 또한 서울시에서는 I(나)와 U(너) 사이에 서울을 상징하는 이미지나 텍스트를 넣을 수 있다는 점을 강조했지만, 이는 가장 중요한 도시명이 사라진다는 점에서 논란을 낳았다. '서울, 마이 소울(SEOUL, MY SOUL)'은 서울(Seoul)과 소울(Soul)의 발음이 비슷하다는 점에 착안하여 '영혼을 채울 수 있는 도시'라는 의미를 담았다.

성공적인 도시 브랜드 슬로건의 요건

성공적인 도시 브랜드 슬로건을 만들어낸 도시들의 공통점은 지역이 가진 고유한 특성이나 편익을 잘 나타냈다는 것이다. 뉴욕의 'I♥NY', 암스테르담의 'I amsterdam', 베를린의 'be Berlin'처럼 성공한 도시 브랜드 슬로건은 시민들의 자긍심을 북돋아 하나로 묶어주는 역할을 했다. 매력 있는 도시로 알려지면서

관광객과 투자가 늘어나는 등 경제적 부가가치도
상승했다.

　　　물론 이 도시들은 그 나라의 대표 도시이자
글로벌 도시로서 높은 인지도를 갖고 있고 풍부한
브랜드 자산까지 보유하고 있어 수준 높은 도시
브랜딩이 상대적으로 수월했다는 이점도 있다. 대외적인
인지도가 낮고 상대적으로 빈약한 브랜드 자산을 가진
중소도시들이 글로벌 도시를 그대로 벤치마킹한다고
해서 성공하는 것은 아니다. 도시의 기초자산이
다르기 때문이다. '다름'에 대한 이해 없이 무분별하게
모방해서는 안 된다.

　　　그렇다면 성공적인 도시 슬로건은 어떻게
만들 수 있을까? 첫째, 도시의 특성을 하나의 명확한
메시지로 전달해야 한다. 도시를 대표할 수 있는 정신,
철학, 역사, 환경, 산업 등 여러 가지 핵심가치 가운데
대표적인 한 가지를 슬로건으로 표현하는 것이다. 예를
들어 '해양문화, 미래산업, 열린교육의 도시'와 같은
나열형 슬로건이나 'Yes', 'Good', 'Bravo' 등의 감탄사
슬로건은 지양하는 것이 좋다. 많은 것을 알리려고
욕심을 낼수록 어느 것 하나도 제대로 알리기 어렵다.
도시에 대한 명확한 이해 없이 어느 도시에나 붙여도
통할 법한 브랜드 슬로건이나 해당 도시가 지향하는
가치나 의미에 부합하지 못하는 슬로건을 사용한다면 그
도시 브랜드는 호응을 얻지 못하고 실패하기 쉽다.

　　　특히 그 도시만이 가진 차별적인 정체성을
잘 표현하는 것이 중요하다. 이는 외부 사람들에게
긍정적인 인식을 심어준다는 점에서 강력한 무기가
된다. 그 도시의 사회·문화적 특성에 대한 충분한

조사를 바탕으로 다른 도시와의 차별화 전략을 써야 오랫동안 생명력을 유지할 수 있다.

둘째, 도시가 지향하는 가치나 비전보다 도시의 실체를 바탕으로 한 쉬운 메시지가 바람직하다. 우리나라 지자체는 '최고의 교육도시', '교통의 중심도시', '바이오산업의 허브'처럼 도시의 미래 비전과 목표를 슬로건으로 삼는 경우가 적지 않다. 이런 슬로건은 바람직한 가치를 담고 있지만 공허한 메시지로 그칠 가능성이 높다. 비전과 목표가 현실성 있는 단어와 메시지로 표현될 때 더 큰 호응을 얻을 수 있다. 또한 광고 카피와 같이 쉽고 흡입력 있는 단어로 표현되어야 한다.

미국 서부의 대표적인 관광도시 라스베이거스(Las Vegas)의 도시 브랜드 슬로건은 'What Happens Here, Stays Here(라스베이거스에서 일어나는 일은, 이곳에 남는다)'이다. 즉, 라스베이거스에서 일어난 일은 라스베이거스에서 끝이니 무슨 일이 일어나든 모든 기억은 라스베이거스에 남기고 다시 일상으로 돌아오면 된다는 의미다. 방문객이 새로운 경험을 하고 더 머물러야 하는 매력적인 도시라는 사실을 강조해 고유의 정체성을 부각시켰다. 이 슬로건 하나로 라스베이거스는 세계 최고의 유흥도시로 거듭났지만, '죄악의 도시(Sin City)'라는 라스베이거스의 별명과 함께 부정적인 의미로도 확산되었다.

이 슬로건은 가족 단위를 비롯한 더 큰 수요를 라스베이거스로 끌어오는 데는 한계가 있었다. 실제로 라스베이거스는 카지노뿐만 아니라 컨벤션, 쇼핑, 엔터테인먼트 등 다양한 경험을 할 수 있는 도시라는 점이 특징이자 자산이었다. 라스베이거스에서는 2020년부터 'What Happens Here, Only Happens Here(라스베이거스에서 일어나는 일은, 오직 라스베이거스에서만 즐길 수 있다)'로 기존 슬로건을 업데이트해 도시를 홍보하고 있다. 이 캠페인으로 타깃을 확장하는 동시에 부정적인 연상을 감소시키는 효과를 얻을 수 있었다.

    셋째, 시민참여를 유도하는 슬로건의 확장성이 중요하다. 인천광역시 도시 브랜드 슬로건 'all ways INCHEON'은 'ways' 자리에 '특별한', '예술적', '친근한' 등의 다양한 단어를 집어넣어 인천시의 다양성을 표현할 수 있도록 개발되었다. 2021년 일본 도쿄 올림픽을 앞두고 개발된 도쿄의 도시 브랜드 슬로건 '앤드 도쿄(& TOKYO)'(2023년 현재는 'TOKYO TOKYO'라는 슬로건을 사용하고 있다)는 'ART & TOKYO', 'CULTURE & TOKYO', 'MATSURI & TOKYO'처럼 '&' 앞에 도쿄의 매력을 나타내는 키워드를 자유롭게 배치할 수 있도록 개발되었다. 이 도시 브랜드는 도쿄가 다양한 가치와 만나고 연결됨으로써 새로운 즐거움을 만들어낸다는 의미를 담고 있다.

MORNING & TOKYO   FASHION & TOKYO   SUSHI & TOKYO
DINING & TOKYO   COFFEE & TOKYO   HANAMI & TOKYO
RELAX & TOKYO   CLEAN & TOKYO   ART & TOKYO
MATSURI & TOKYO   WELCOME & TOKYO   ECO & TOKYO

호주의 멜버른은 이니셜 'M'을 심벌마크로 사용하고 있다. 세계적인 브랜딩 회사 랜도(Landor)가 브랜드 아이덴티티 디자인을 개발했다. 볼드한 'M'은 두꺼운 획 내부 공간에 다양한 색과 여러 가지 패턴을 채울 수 있게 개발되었는데, 어떤 색과 패턴을 활용하느냐에 따라 각양각색의 멜버른을 만들어낸다. 멜버른의 아이덴티티 디자인처럼, 하나의 형태·색·패턴으로 고정되지 않고 변형과 확장이 가능한 아이덴티티 디자인을 '플렉시블 아이덴티티 디자인(flexible identity design)'이라고 부른다. 시민의 참여를 통해 다양한 가치를 담아내는 구조의 디자인이기 때문에 다양한 상황과 장소에 따라 최적화해 활용할 수 있다는 장점이 있다.

포르투갈 제2의 도시이자 아줄레주(azulejo)(포르투갈의 독특한 타일 장식)로 장식된 건축물이 아름다운 항구도시 포르투는 '포르투닷(Porto.)'이라는 도시 브랜드 슬로건을 개발했다. 포르투를 하나의 단어로는 설명할 수 없으며 '포르투는 포르투 그 자체'라는 의미를 가진 슬로건이다. 포르투는 언어 대신에 도시의 랜드마크, 문화, 환경 등을 70여 개의 아이콘*으로 디자인했는데, 각 아이콘을 아줄레주처럼 이어 붙이면 매력적이고 독특한 패턴이 된다.

Porto.

　인천, 도쿄, 멜버른, 포르투의 사례와 같이 언어적으로 혹은 시각적으로 확장될 수 있는 슬로건의 구조는 도시 정체성을 한 가지로 규정하기보다 시민과 함께 만들어가고 다양한 참여를 유도하며 브랜드 마케팅을 할 수 있다는 점에서 활용성이 높다.

　무엇보다도, 좋은 도시 브랜드 슬로건의 공통점은 이해하기 쉽고, 재미있고, 기억하기 쉽다는 것이다. 브랜드 심벌과 함께 가장 널리 사용되는 슬로건은 도시의 이미지를 집약한 브랜드의 정체성을 보여준다. 재미 요소를 실어 감각적인 문구로 풀어낸다면 도시 브랜딩 효과는 더 배가된다. 대부분의 도시 브랜드는 국제대회(올림픽, 월드컵 등)를 계기로 개발되는 경우가 많은데, 이는 국제대회와 함께 도시 브랜드를 마케팅하는 것이 더 효과적이기 때문이다. 그만큼 도시 브랜드는 개발과 확산까지 큰 비용이 들고, 시민이나 관광객, 투자자에게 익숙해지고 긍정적인 이미지가 형성되기까지 오랜 시간이 걸린다. 그렇기 때문에 도시 브랜드는 도시의 차별화된 특징을 함축적이고 쉽게, 그리고 매력적으로 표현하는 것이 좋다. 또한 한번 정해지면 일관성 있게 지속적으로

● 　심벌마크, 로고타이프, 컬러, 폰트 등과 함께 브랜드의 핵심가치를 시각적으로 전달하는 상징 요소다. 대개 브랜드를 구성하는 주요한 자원이나 자산을 활용해 디자인한다.

활용하는 것이 매우 중요하다.

롱런하는 도시 브랜드의 대표 사례로 단골처럼 등장하는 뉴욕의 사례는 많은 시사점을 준다. 뉴욕은 1975년 '아이 러브 뉴욕(I♥NY)'을 브랜드 슬로건으로 채택한 이래 50년 가까이 유지·발전시키고 있다. 현재는 티셔츠, 포스터, 각종 기념품을 비롯해 도시 곳곳의 조형물 등 다양한 관광자원으로 활용하고 있다. 2023년 3월, 뉴욕시는 코로나 팬데믹으로 촉발된 분열을 치유한다는 의도로 'WE♥NYC'라는 서브 캠페인 브랜드를 만들어 사용하기도 했다. 익숙하고, 브랜드 가치가 높은 뉴욕의 도시 브랜드 슬로건을 지키면서 한시적 목적에 맞는 캠페인 브랜드를 개발한 것이다.

일반적으로 브랜드 네이밍은 기업의 비전과 철학, 기업이 생산할 제품의 특장점, 차별화된 서비스 등을 고려해 기획한다. 도시에서도 도시의 비전과 철학, 도시가 가진 환경·문화·산업 등 타 도시와 차별화된 특징을 고려해 도시 브랜드를 개발한다. 그런데 기업과 도시 모두 규모가 크고 다양성이 혼재하는 경우에는 네이밍을 추진할 때 고려해야 할 요소와 동의를 구해야 할 구성원이 많아지기 때문에 규모가 작고 목표가 명확할 때보다 개발 과정이 어려울 수밖에 없다.

도시는 구성원들이 가진 도시의 지향점이 다르고, 자원과 자산도 다양하기 때문에 새로운 도시 브랜드 슬로건을 론칭할 때마다 몸살을 앓는다. 비 베를린(be Berlin), 아이 암스테르담(I amsterdam), 포르투닷(PORTO.), 올 웨이스 인천(all ways INCHEON), 부산 이즈 굿(BUSAN is GOOD)처럼 다양한 가치를 담을 수 있는 도시 브랜드 슬로건이 21세기 들어 많이

모든 길은 인천으로 통한다

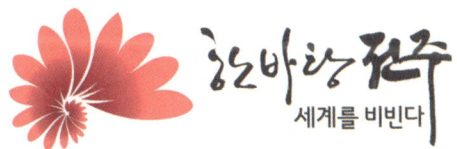

개발되는 것은 바로 그런 이유 때문이 아닐까.

진화하는 도시 브랜드

 1991년 지방의회 의원 선거와 1995년 지방자치단체장 선거가 치러지면서 민선 지방자치 시대가 열렸다. 지자체들이 가장 먼저 추진한 정책 가운데 하나가 지역을 상징적으로 표현하는 브랜드 로고와 이를 짧은 문구로 설명하는 슬로건의 개발이었다. 로고와 슬로건의 개발은 도시를 하나의 브랜드로 인식하면서 긍정적인 이미지를 심기 위한 노력이라는 점에서 매우 고무적이다.

 20세기에는 브랜드를 고정되고 변하지 않는 것이라고 정의했다. 그러나 지금의 브랜드는 고정된 개념이 아니다. 브랜딩을 통해서 그 가치를 계속 진화시켜나가는 개념이다. 정치·사회·경제적 환경이 급변하는 21세기의 기업은 사회 흐름에 맞춰 다각적인 브랜드 마케팅 활동을 펼친다. 그러나 쉽게 브랜드를 바꾸지는 않는다. 오랜 기간 축적된 브랜드 자산이 매우 크기 때문이다. 그런데 도시 브랜드 슬로건은 국내외를 막론하고 지자체장이 바뀔 때마다 변경되는 경우가 많다. 시정 슬로건은 시의 행정 방향에 따라 달라질 수 있다. 하지만 도시 브랜드 슬로건의 잦은 교체는 도시 브랜드 발전에 도움이 되지 않는다.

 서울시의 도시 브랜드 슬로건은 'SEOUL, MY SOUL'이고, 시정 슬로건은 '동행·매력 특별시'이다. 인천시의 도시 브랜드 슬로건은 'all ways INCHEON', 시정 슬로건은 '인천의 꿈, 대한민국의 미래'이다. 전주시의 도시 브랜드 슬로건은 2009년부터 사용하고 있는 '한바탕 전주'다. 시정 슬로건 '강한 경제 전주, 다시 전라도의 수도로'는 2022년 민선 8기 때 만들어졌다. 이렇듯 도시 슬로건과 시정 슬로건은 구분해서 사용해야 하며, 도시의 정체성을 강조하는 도시 브랜드 슬로건은 도시의 산업구조 변화, 도시 간 통합이나 분리 등의 행정구역 변경, 국제대회를 계기로 한 이미지 구축 등 도시의 비전이나 철학에 변화가 필요한 시점이 아니라면 지속적으로 사용하는 것이 바람직하다. 새로운 정책이나 행정의 변화를 강조할 때는 시정 슬로건에 그 내용을 반영하면 된다. 도시 브랜드를 개발하고 마케팅하면서 축적한 브랜드 가치는 눈에 보이지는 않지만 도시의 큰 자산으로 형성되었기 때문에 쉽게 교체해서는 안 된다.

  도시는 역사, 문화, 자연환경, 산업, 특산물, 인물 등 다양한 브랜드 자산을 갖고 있다. 이 중에서 가장 강력한 대표성과 상징성을 슬로건에 담아내야 한다. 동시에 경쟁 도시와의 차별성도 고려해야 한다. 더불어 간과하지 말아야 할 것은 도시 브랜딩의 궁극적인 목표다. 슬로건 역시 도시를 브랜딩하는 수단 가운데 하나이기 때문이다. 도시 브랜딩의 지향점은 크게 두 가지다. 도시 거주민들이 자부심을 가질 수 있도록 해야 하고, 다른 지역 사람들이 여행이나 투자를 위해 많이 찾아오게 만들어야 한다. 결국 도시에 살고 있는 시민들의 공감대를 형성하는 동시에 도시의 매력과 미래 비전에 초점을 맞춰야 한다.

05 도시의 페르소나

우리는 브랜드를 소비할 때 사람처럼 인격화할 때가 있다. 브랜드는 이름으로, 로고나 엠블럼은 얼굴로 치환해 생각한다. 이처럼 사람의 성격적 특징을 적용한 브랜드 개성(personality)은 브랜드 전략에서 중요한 커뮤니케이션 실행요소다. 브랜드 개성에 따라 커뮤니케이션 전략을 실행하면서 브랜드를 의인화하여 정의하기도 한다. 가령 '우리 브랜드는 이런 특징을 가진 사람과 같다'고 규정하는 식이다. 이처럼 브랜드를 인격화하는 이유는 브랜드를 사람과 동일시하는 소비자의 성향에 부응하기 위함이다. 수많은 브랜드가 생겨나고 사라지는 가운데 끝까지 살아남아 비교우위를 선점하기 위한 생존방식이라고 할 수 있다.

파리지앵(Parisien), 런더너(Londoner), 뉴요커(New Yorker), 밀라니즈(Milanese), 서울리스타(Seoulista).

이런 단어를 들었을 때 우리는 각 도시에서 살아가는 사람들의 이미지를 떠올린다. 구체적인 모습을 형상화하긴 힘들더라도 이미지를 유추해볼 수는 있다. 뉴요커, 런더너, 파리지앵은 그 도시에서 살아가는 사람들을 일컫는 말이면서 그들의 기질을 나타내는 표현이기도 하다.

2021년 4월 영국영화TV예술아카데미(BAFTA) 여우조연상을 받은 배우 윤여정 씨가 수상 소감에서 "'고상한 척하는(snobbish)' 영국인들이 인정해줘서 뜻깊다"고 한 말이 두고두고 회자되었다. 도시의 이미지를 만드는 요소에는 도시의 풍경과 랜드마크, 문화뿐만 아니라 그 도시에서 살아가는 사람들의 톤 앤드 매너(tone & manner)(말투와 태도 등이 한 가지 방향성으로 유지되는 것으로 '일관된 콘셉트'를 뜻한다)도 포함된다.

도시 사람들의 태도에 따라 도시를 형용하는 문구가 생길 만큼 도시를 구성하는 시민들은 도시에 성격, 즉 '페르소나(persona)'를 입힌다. '쿨한' 런더너, '시크한' 뉴요커, '낭만적인' 파리지앵 등 독특한 개성과 이미지가 부여된 시민들의 톤 앤드 매너는 그 도시의 이미지를 형성하고 정체성을 대변하는 중요한 요소다.

기업들의 '브랜드 페르소나'

페르소나는 고대 그리스 가면극에서 '가면'을 의미하는 말이다. '가면을 쓴 인격', '외부에 비치는 인격'을 뜻하는 이 말은 사람(person), 인격·성격(personality)의 어원이 되었다. 심리학자 카를 구스타프 융(Carl Gustav Jung)은 사람들이 저마다 다양한 상황과 관계에 따라 각각 다른 성격을 보인다는 점에서 "인간은 천 가지 페르소나를 갖고 있다"고 했다.

영화에서 페르소나는 영화감독 자신의 분신이자 특정한 상징으로 등장하는 배우를 가리킨다. 감독은 자신의 작품에 직접 출연하진 않지만 페르소나를 통해 자신의 영화세계를 표현한다. 예를 들면 봉준호 감독의 페르소나는 배우 송강호다. 〈살인의 추억〉, 〈설국열차〉, 〈기생충〉 등 봉준호 감독의 대표작에는 모두 송강호가 등장한다. 김용화 감독의 페르소나는 하정우, 류승완은 황정민, 마틴 스코세이지는 레오나르도 디카프리오, 팀 버튼은 조니 뎁이다.

페르소나 앞에 브랜드가 붙으면 어떨까? '브랜드 페르소나'는 '외적 인격', '가면'이라는 개념을 브랜드에 적용한 것이다. 소비자가 브랜드를 쉽게 연상할 수 있도록 외모, 가치, 개성, 성별, 민족성, 지적 수준, 사회·경제적 지위 등 인간적 특성들로 표현한다. 이런 브랜드 페르소나의 요소들을 통해 브랜드는 생명력을 갖고 소비자에게 편안하게 다가간다. 브랜드 정체성 관점에서 보자면, 브랜드 페르소나는 고객에게 보이는 브랜드의 성격이다.

브랜드는 인격화할 수 있다. 기업은 브랜드의 페르소나를 개발하고 관리하면서 브랜드의 가치를 높이기 위해 노력한다. 브랜드 페르소나는 브랜드가 추구하는 이미지에 가깝지만 그것이 사용자의 페르소나와 일치하는 것은 아니다. 패션 브랜드에서는 각 브랜드의 뮤즈(muse)를 볼 수 있는데, 영감을 주는 존재라는 의미에서 브랜드 페르소나와 비슷한 개념이다.

기업은 경쟁 브랜드와 차별화되는 강점과

약점을 파악해 자신들의 브랜드에 고유한 이미지를 만들어 입혀야 한다. 애플(Apple)의 'Think Different', 나이키(Nike)의 'Just Do It'처럼 언어적 상징을 포함한 다양한 심벌, 그리고 광고를 통한 소통과 적극적인 마케팅 활동으로 자기 브랜드만의 개성을 한껏 살려야 한다. 애플은 컴퓨터를 만드는 회사로 시작했지만 'Think Different'라는 슬로건에서 느껴지듯 고정관념에서 벗어나 '다르게 생각해야 한다'는 차별화된 가치를 전면에 내세우며 혁신의 아이콘이 되었다.

애플의 브랜드 철학은 스티브 잡스(Steve Jobs)의 퍼스낼리티와 일치하며 더욱 확고한 브랜드 가치를 만들어냈다. 1997년 스티브 잡스가 애플 직원들에게 발표한 연설은 지금까지도 많은 이들에게 회자되고 있다. 'Think Different'를 주제로 한 이 연설은 애플 마케팅 캠페인의 시작을 알리는 것이었다. 잡스는 나이키를 이렇게 언급했다.

> 나이키는 상품을 판매하는 회사입니다. 신발을 팔죠. 그러나 우리가 나이키를 떠올릴 때는 단순히 신발 회사를 떠올리는 것이 아닙니다. 모두 아시다시피 나이키 광고에는 신발이 등장하지 않죠. 그들은 리복보다 나이키의 무엇이 좋은지를 이야기하는 것이 아니라, 위대한 운동선수를 존경하고 위대한 운동경기에 경의를 표합니다. 그것이 나이키고, 그것이 바로 나이키의 존재 이유라고 말하죠.

이어 애플에 대해서는 이렇게 말했다.

애플은 컴퓨터를 잘 만듭니다. 그러나 단순히 컴퓨터를 만드는 것이 애플의 존재 이유는 아닙니다. 애플은 그 이상을 위해 존재합니다. 애플의 핵심가치는 바로 열정을 가진 사람들이 세상을 더 나은 곳으로 변화시킬 수 있다고 믿는 것입니다. 세상을 바꿀 수 있다고 믿는 사람들이 진짜로 세상을 바꾸는 것이죠. 브랜드 마케팅을 통해 핵심가치를 회복하겠습니다. 우리 캠페인의 주제는 'Think Different'입니다. 세상의 변화를 이뤄낸 사람들에게 경의를 표하는 것이죠. 세상을 바꿀 수 있다고 믿는, 단단히 미친(crazy enough) 사람들, 본인들이 세상을 바꿀 수 있다고 믿는 사람들이, '진정 미친 사람들이 세상을 바꿀 수 있다'는 것을 믿는 것. 이것이 애플입니다. 이것이 애플이 세상에 존재하는 이유입니다.

애플 광고 캠페인의 주제인 'Think Different'는 롭 실타넨(Rob Siltanen)의 '미친 자들에게 바치는 시(Here's to the Crazy Ones)'에서 따왔다.

여기 미친 사람들이 있습니다. 부적응자, 반항아, 말썽꾸러기. 네모난 구멍에 둥근 못을 박는 사람. 사물을 다르게 보는 사람. 그들은 규칙을 좋아하지 않습니다. 그리고 현상 유지를 존중하지 않습니다. 당신은 그들을 인용하거나, 동의하지 않거나, 미화하거나 비방할 수 있습니다. 당신이 할 수 없는 유일한 일은 그들을 무시하는 것입니다. 그들은 변화하기 때문입니다. 그들은 인류를 앞으로 나아가게 합니다. 누군가는 그들을 미친 사람으로 보겠지만, 우리는 천재성을 봅니다. 세상을 바꿀 수 있다고 생각할 만큼 미쳐 있는 사람들이야말로 세상을 바꿀 수 있는 사람들이기 때문입니다.

이 시에서 인류를 진보의 길로 들어서게 하는 사람, 천재, 세상을 바꾸는 사람이라고 표현한 미친 사람. 애플의 광고 캠페인에는 세상을 바꾼 위대한 역사적 인물인 아인슈타인, 존 레넌, 피카소, 에디슨 등이 등장한다. 그리고 영상에 등장하진 않지만, 우리는 또 한 사람을 떠올릴 수 있다. 바로 스티브 잡스다. 1976년 작은 창고에서 시작해 현재 2조 7000억 달러(약 3620조 원)의 가치를 지닌 '애플'을 만들어낸 사람, 애플의 경영철학을 그대로 보여주었던 스티브 잡스 스스로가 애플의 페르소나였다.

'도시의 페르소나'는 어떻게 만들어질까

+ 파리

1889년 세계만국박람회를 기념하기 위해 지어져 파리를 상징하는 랜드마크가 된 에펠(Eiffel) 탑. 명품 부티크가 모여 있는 몽테뉴(Montaigne) 거리. 연인의 만남과 사랑의 장소 센(Seine)강. 낮에는 한없이 느리고 게으른 공간이지만 밤에는 화려하고 역동적인 물랭 루주(Moulin Rouge). 가난하고 자유로운 예술가들의 장소로 대변되는 몽마르트르(Montmartre) 언덕. 이 풍경에 오버랩되는 파리지앵의 모습.

파리

+ 런던

템스(Thames)강 하류에 위치한 타워 브리지(Tower Bridge). 영화와 드라마에 자주 등장하는 빅 벤(Big Ben)과 런던 아이(London Eye). 흐린 날씨와 트렌치코트. 버킹엄 궁전(Buckingham Palace)과 근위병 교대식. 그리고 쿨한 런더너.

+ 베를린

동독 정부가 1961년 8월 13일 동베를린과 서베를린 사이를 차단하면서 세워졌다가 통일 후에는 흔적으로만 남아 있는 베를린 장벽. 분단 시절 유령역으로 불린 노르트반호프(Nordbahnhof). 무채색의 도시 건물에 자유분방하게 그려진 그라피티(graffiti)(공공장소나 벽에 스프레이 페인트 등으로 낙서를 하는 거리 예술). 그리고 무채색 또는 검은색 옷을 입은 베를리너.

여기서 언급한 것들은 그 도시의 사람들, 즉 페르소나를 떠올리게 한다. 도시에서 느끼는 개인적인 경험은 제각각이지만 사회적 관념에 의해 만들어지는 도시만의 성격이 있다. 도시의 성격을 우리는 도시의 페르소나라고 부른다.

도시의 페르소나는 그 도시에 살고 있는 사람들의 이미지가 더해지고 도시에서의 인상이 긴 시간 중첩되면서 만들어진다. 도시의 이미지를 형성하는 요소에는 도시의 지리적 특성이나 경관 같은 물리적 배치, 문화산업, 축제나 이벤트 같은 마케팅, 랜드마크와 슬로건 같은 도시 브랜드 상징 등이 있다. 이 같은

런던

베를린

요소들이 구전, 미디어, 서적 등으로 얻는 간접 경험과 개인의 직접 경험을 통해 도시의 고유한 이미지로 만들어진다.

　도시의 페르소나는 그 도시를 찾는 관광객과 투자자 등 다양한 이해관계자를 통해서도 형성된다. 도시가 주는 첫인상과 경험하며 느끼는 이미지가 모여 도시의 특정한 성격이 만들어진다. 도시 브랜딩은 그 도시의 철학에 맞게 페르소나를 만들어가는 방향으로, 긴 호흡으로 진행되어야 한다.

06 도시의 캐릭터

　마케팅은 제품 혹은 서비스를 '팔기 위한' 활동이다. 광고와 홍보를 포괄하는 개념으로, 기업과 고객 사이의 커뮤니케이션으로 이뤄진다. 광고가 어떤 의도를 바탕으로 특정 정보를 '확산'하는 행동이라면, 홍보(PR)는 광고나 대외활동 등을 통해 브랜드에 대한 '긍정적 이미지를 구축'하기 위한 활동이다. 브랜딩은 브랜드를 연상시키는 요소들을 만들고 관리하는 활동이다. 기업과 제품이 지닌 페르소나, 철학, 신념을 고객에게 전달하고 실천함으로써 '브랜드 인지도, 신뢰도, 호감도를 구축하는 과정'이다.

　이런 개념을 도시에 적용해보자. 도시 마케팅은 기업을 유치하기 위한 특별한 조건을 제시하거나 도시의 관광상품이나 의료 서비스 등을 '팔기 위한' 프로모션, 이벤트, 광고, 홍보 등 다양한 활동을 포괄한다. 도시 광고는 다양한 매체를 통해 도시의 관광상품이나 의료 서비스 등 특정 정보를 지속적으로 노출해 알리는 활동이다. 도시 홍보는 도시의 안전성, 비즈니스하기 좋은 인프라, 훌륭한 교육 환경 등 도시의 긍정적 이미지를 구축하기 위해 여론을 조성하는 활동이다. 도시 브랜딩은 도시의 철학과 가치를 알리고 실천해 도시에 대한 인지도, 신뢰도, 호감도를 향상시키는 총체적 활동이다.

마케팅은 우리가 제공하는 제품이나 서비스를 지금 '즉시' 사게 하는 것을 목표로 한다. 단기적으로 고객의 심리를 자극해 구매나 참여를 하게 만드는 활동이라고 볼 수 있다. 반면 브랜딩은 '지속적으로' 브랜드의 신념을 구축하는 과정이다. 효과를 얻으려면 상대적으로 오랜 시간이 필요하다. 따라서 도시의 실체를 파악하고 이를 정체성에 잘 반영한 도시 브랜드 구축은 도시의 경쟁력과 직결된다.

캐릭터 세계관 마케팅의 시대

기업의 마케팅 활동은 시대의 변화에 따라 달라져왔다. 소비시장을 주도하는 MZ세대에게는 새로운 재미를 추구하는 경향이 두드러진다. 이 때문에 로고보다는 캐릭터를 앞세워 친근하게 소통하며 팬덤을 형성하려는 브랜드가 많아졌다. 캐릭터를 주인공으로 삼아 가상의 세계에 빠져들게 하는 캐릭터 세계관 마케팅이 활발해진 것이다.

이런 브랜드들은 시각적으로 멋있는 캐릭터를 개발하는 데 그치지 않고, 더 나아가 탄생 스토리, 개성 있는 성격, 독특한 행동을 부여해 '캐릭터 세계관'을 창조한다. 캐릭터는 넘쳐나지만 소비자들에게 사랑받는 캐릭터는 많지 않다. 인기를 끄는 캐릭터들을 살펴보면 공통된 특징이 눈에 띈다. 단순히 시각적인 형태로만 머무는 것이 아니라, 온·오프라인 채널을 넘나들며 소비자의 생활에 친근하게 다가가고 소통한다는 점이다.

'뽀통령(뽀로로+대통령)'으로 불리며 아이들의 사랑을 받고 있는 뽀로로는 2003년부터 방영된 애니메이션 〈뽀롱뽀롱 뽀로로〉의 주인공이다. 여기에 등장하는 비버 캐릭터 루피는 친구를 도와주고 요리를 잘하는 캐릭터로 인기를 끌었다. 2020년에는 사악한 표정을 짓고 아이돌 댄스를 추며 노래를 부르거나 개성 강한 배우들로 분장하는 등 잔망스러운 모습을 보이는 '잔망 루피'로 재탄생해 팬덤을 형성했다. 기존 캐릭터보다 자유분방한 성격의 잔망 루피 캐릭터는 카카오톡 이모티콘으로 출시된 것을 비롯하여, 도미노피자, 버거킹, 상쾌환이나 제주항공의 모델로 나서는가 하면, 명품 브랜드 불가리의 광고 표지모델로도 등장하는 등 여러 업체와의 컬래버레이션(콜라보)이 이루어지고 있다. 다양한 굿즈로도 상품화되어 백화점과 면세점의 단독 팝업스토어까지 오픈하는 등 온·오프라인 채널에서 큰 화제가 되었다. '잔망 루피'처럼 경쟁력을 가진 캐릭터는 원 소스 멀티 유즈(one source multi-use)로 온·오프라인을 넘나들며 다양한 콘텐츠에 활용된다.

도시를 홍보하는 캐릭터의 탄생

브랜드 이미지를 친근하게 전달하는 캐릭터는 어떻게 만들어지고, 또 그 역할은 무엇일까? 심벌,

로고타이프, 아이콘, 캐릭터 등 도시 브랜드의 여러 가지 시각적 상징물 중에서도 사람들은 특히 캐릭터를 더욱 친근하게 인식한다. 캐릭터는 도시의 자원 중에서 대표성을 띤 것을 의인화해 성격을 부여한 것이기 때문이다. 일본 구마모토의 쿠마몬 캐릭터처럼 도시의 홍보대사로 적극적으로 활동하는 캐릭터는 인격체로 인식되기도 한다. 그 덕분에 다른 상징물에 비해 시각적으로 차별화된 이미지를 심어준다. 도시의 캐릭터는 도시의 성격을 대변하는 홍보 활동의 주인공이자 홍보를 돕는 보조적 수단이기도 하다.

　　이런 캐릭터는 도시에 대한 호감도를 높이고, 사람들에게 친근감을 준다. 내부적으로는 시민들과 행정기관 사이의 소통을 돕고, 지지와 통합을 이끌어낼 수 있다. 외부적으로는 도시의 특산품 구매나 관광객 유치에 도움이 되는 기능을 수행한다. 도시의 경제적·문화적 발전에도 도움을 준다.

　　도시의 캐릭터는 크게 행사용 캐릭터와 상징적 캐릭터로 나눌 수 있다. 행사용 캐릭터는 행사의 이미지를 향상하는 목적으로 개발되어 사용되지만, 행사가 끝나는 동시에 캐릭터의 존재도 잊히면서 일회성에 그치는 경우가 많다. 반면 상징적 캐릭터는 도시의 BI(brand identity) 요소 가운데 하나로 개발되어 비교적 수명이 길다.

　　기업의 캐릭터가 소비자에게 친근한 이미지로 다가가면서 소비 촉진 효과를 낳는 것처럼 도시의 캐릭터는 해당 도시를 홍보하는 전략적 수단으로 활용된다. 기업 캐릭터의 역할이 상품화를 통한 소비 촉진이라면, 도시 캐릭터의 역할은 축제, 문화제,

엑스포, 공식 SNS 등에 등장하여 관광이나 상품 정보를 제공하고, 도시에 대한 친근하고 긍정적인 이미지를 심어주는 것이다.

　　도시 캐릭터는 시민들에게 친숙하게 다가갈 수 있으며, 도시의 정책과 특장점을 알기 쉽고 친근하게 전달한다는 이점이 있다. 특산물 패키지 디자인에 등장하거나 다양한 브랜드와의 컬래버레이션에 활용되어 도시 브랜드를 확산하고 부가가치를 높이는 역할도 담당한다. 도시 캐릭터의 순기능에는 크게 여섯 가지가 있다.

　　첫째, 도시의 이미지를 전달한다. 도시 고유의 유형자산을 활용해 특색 있는 이미지를 개발하면 다른 도시나 지역과 차별되는 경쟁력을 갖게 된다. 도시 이미지에 부합하는 캐릭터는 그 이미지를 친숙하게 전달하는 기능을 가진다.

　　둘째, 시민들에게 동질감과 유대감을 준다. 사랑받는 캐릭터는 실제로 거주하는 시민들에게 도시에 대한 애착과 애향심을 심어준다. 캐릭터에 대한 이해와 호응이 시민의 지지로 이어지면서 정서 통합의 계기로 작용하기도 한다.

　　셋째, 시민과 행정기관 사이의 의사전달에 기여한다. 캐릭터는 행정기관, 도시, 지역주민 간의 거리감을 좁히고, 정치·경제·행정 전반의 복잡하고 다양한 정보를 단순하면서도 효과적으로 전달해 원활한 의사소통을 유도한다.

　　넷째, 도시를 홍보한다. 도시를 대표하는 상징으로서 방문객이나 외국인 관광객에게 친근감과 흥미를 유발해 도시를 홍보하는 기능을 한다. 좋은

이미지의 캐릭터는 해당 도시를 즉각적으로 떠올리게
하는 인지 효과가 뛰어나기 때문에 외부 사람들은 그
도시를 다시 방문하고 싶어진다.

    다섯째, 도시의 활성화다. 도시 캐릭터는 다양한
굿즈를 통해 그 자체로 부가가치를 창출할 수 있다.
축제나 이벤트와 결합되면 시민들의 관심을 끌고 행사
참여도를 높일 수 있다.

    여섯째, 도시에 대한 우호적인 이미지를
심어준다. 도시에 대한 이미지는 대체로 개인의
체험이나 기억에 의해 만들어진다. 도시를 방문했을
때 만난 캐릭터가 개인의 기억 속에 좋은 이미지로
남는다면 그 도시에 대한 감정도 긍정적으로 이어진다.

캐릭터에 도시의 정신을 담다

    다양한 도시에서 브랜드 상징으로 동물 캐릭터를
사용하는데, 이는 친숙하면서도 귀여운 이미지가
사람들을 편안하게 해주기 때문이다. 또한 도시의
설화에 등장하여 역사성을 띠는 동물, 그 도시에서만
볼 수 있는 생태종, 사람들과 특별한 교감을 나눈
사연이 있는 동물 등은 브랜드 스토리텔링의 주요
소재가 되기에 매우 적합하다. 대표적인 예로는 일본의
'쿠마몬', 독일의 '버디베어', 고양시의 고양이, 서울의
해치(상상의 동물) 등을 들 수 있다.

    지자체 브랜딩의 성공 사례로 자주 등장하는
일본 구마모토(熊本)현의 '쿠마몬(くまモン)'은
동아시아에도 널리 알려진 캐릭터다. 이 이름은 곰을
뜻하는 일본어 '쿠마'와 사람을 의미하는 구마모토현
사투리 '몬'을 합친 것이다. 2011년 규슈 신칸센 개통을

쿠마몬이 그려진 열차 ⓒ Wikimedia Commoms

앞두고 관광 홍보를 위해 만들었다. 놀란 눈에 홍조 띤 볼을 가진 귀여운 쿠마몬은 전국적인 스타로 떠오르며 구마모토의 인지도를 크게 높였다.

  일본 브랜드종합연구소 조사 결과에 따르면, 2010년까지 일본 전국 지자체 47개 가운데 32위였던 구마모토의 인지도는 쿠마몬의 인기에 힘입어 18위로 급상승했다. 고속철도의 중간 역이었던 구마모토는 쿠마몬의 인기 덕분에 규슈 신칸센의 출발·종착역이 되었다. 한발 더 나아가 구마모토현에서는 쿠마몬에게 영업부장 직책을 주며 정식 공무원으로 채용했다. 관광 수입은 크게 늘었고, 쿠마몬 관련 상품의 매출도 2012년 293억 엔에서 2015년 1007억 엔으로 급증했다.

  독일의 수도 베를린을 대표하는 캐릭터 '버디베어(Buddy Bear)'는 베를린의 상징인 곰을 형상화해 만들었다. 베를린 도시 곳곳에 여러 가지 모습의 조형물로 설치되어 있다. 온라인에서도 적극 활용하고 있다.

베를린의 버디베어 ⓒ Wikimedia Commoms

　　싱가포르의 상징이자 캐릭터로 널리 활용되고 있는 '머라이언(Merlion)'도 널리 알려져 있다. 가상의 동물 '머라이언'은 얼굴이 사자, 몸은 물고기다. 이름도 '사자(lion)'와 '인어(mermaid)'를 합성한 단어다. 싱가포르에는 7개의 머라이언상이 있는데, 머라이언 공원에 있는 것은 싱가포르를 대표하는 랜드마크다. 2010년부터 머라이언상을 캐릭터로 만들어 다양한 마케팅에 활용하고 있다.

　　우리나라의 동물 캐릭터로는 서울시의 해치, 인천시의 점박이물범, 고양시의 고양이, 수원시의 수원청개구리 등이 있다. 수원시에서 만든 캐릭터 '수원이'는 우리나라 고유 종인 수원청개구리를 활용한 마스코트다. '수원이'는 대표적인 멸종위기종으로 분류된 수원청개구리의 보존 여론을 확산시켜 국제적 생태도시로서 수원의 위상을 강화하는 데도 기여하고 있다.

'고양고양이'는 고양시가 시정 홍보를 목적으로 만든 캐릭터다. 캐릭터와 도시 이름의 발음이 같아서 기억하기 쉽다. 아이돌 그룹 '여자친구'의 '시간을 달려서' 뮤직비디오를 패러디한 '고양을 달려서', 드라마 〈미생〉을 패러디한 '묘생' 등으로 인기를 모았다. 다양한 매체에서도 이를 패러디한 콘텐츠를 재생산하면서 '고양고양이'의 인지도가 크게 상승했다.

필자는 인천시에서 도시 브랜드 마케팅을 맡아 일하던 시절에 인천시의 점박이물범 캐릭터 '꼬미'의 탈 인형을 몇 번 써본 적이 있다. 캐릭터와 내가 하나가 되는 경험을 하면서 이 캐릭터에 생명력을 불어넣고 싶다는 생각이 강하게 들었다. 브랜드를 다루는 사람들에게는 브랜드와의 일체감과 깊은 애정이 필요하다. 이것이 캐릭터를 통한 도시 브랜딩 활동의 시작이다.

캐릭터 탈 인형을 만들어서 창고에 넣어둔 채 어린이날이나 시민의 날 행사 때만 쓰고 나와 기념사진을 찍어주거나, 굿즈로 인쇄하는 데만 활용한다면, 그 캐릭터의 삶은 시한부 선고를 받은 것이나 마찬가지다. 애정을 갖고 캐릭터에 영혼을 불어넣어야 한다. 도시의 비전에 맞는 세계관을 개발하고, 그 세계관을 발전시켜나가면서 그 안에서 행복하게 살아가는 캐릭터를 만들어야 한다. 도시의 정신(anima)이 오롯이 담겨 움직이게(animation) 해야 한다.

도시 캐릭터가 국경일이나 '시민의 날' 등 특정한 날이나 행사에만 등장하는 것이 아니라 생활 속에서 늘 함께하고 소통하게 되면, 도시의 행정을 친근하게 전달하는 메신저나 도시의 매력을 대내외에 알리는 홍보대사 역할을 수행할 수 있으며, 도시의 상징으로서 도시 브랜드 가치를 향상시키는 주요한 자산이 되기도 한다.

07 도시 브랜드 경험

태어난 도시에서 여생을 보내고, 이동하더라도 반경이 크지 않았던 과거와 달리 이제 우리는 살고 싶고, 비즈니스하고 싶고, 여행하고 싶은 도시를 선택하는 시대에 살고 있다. 선택을 받아야 하는 도시 입장에서는 그만큼 경쟁이 치열해질 수밖에 없다. 그래서 도시를 인식하게 하는 모든 활동, 브랜딩이 중요해졌다. 브랜딩의 핵심은 경험하게 하는 것이다. 도시에서의 브랜드 경험이란 브랜딩 과정을 통해 시민들이 브랜드를 만나는 모든 접점을 말한다. 이런 경험의 총합이 결과적으로 브랜드 자산이 된다. 자원은 누구나 공유할 수 있지만 자원이 사유화될 때 자산이 되고 자본이 된다. 도시의 가치를 시민이 경험하고 사유할 때 도시의 가치는 유효한 자산이 되는 것이다. 브랜드를 만드는 것보다 브랜드를 경험하게 하는 것이 중요한 이유다.

산업구조의 재편과 급속한 정보화는 도시의
경쟁을 가속화시켰다. 이에 따라 긍정적이고 차별화된
도시 이미지를 구축하고 관리할 필요성이 제기되면서
도시 브랜드도 더 주목받게 되었다. 이 같은 이미지를
만들어가기 위해서는 행정과 소통, 시민참여 등
다방면의 노력이 필요하다. 도시 브랜드는 다양한
이해관계자가 존재하기 때문에 타깃을 단순하게 설정할
수 없다. 시민에게는 자긍심을 갖고 살고 싶은 도시,
관광객에게는 방문하고 싶은 도시, 투자자나 기업에게는
비즈니스하고 싶은 도시로 만들어 경쟁력을 키우는
것이 도시 브랜딩의 핵심이다. 다양한 이해관계자들의
어떤 욕구를 어떻게 충족시켜줄 것인지 고민하면서
'다초점'을 맞춰야 한다. 각 도시는 도시를 구성하는
사람들도, 가지고 있는 자원도 다르다. 이처럼 복잡한
이해관계가 얽혀 있는 것이 도시의 특징이기 때문에
포지셔닝●의 답 역시 한 가지일 수만은 없다.

  그렇다면 차별적 경쟁력으로 도시 브랜딩을
성공적으로 진행한 도시는 어디일까? 성공적으로
브랜딩된 도시는 해당 도시의 문화·역사적 가치를
기반으로 다양한 이해관계자가 동의하는 도시 브랜드
전략을 우선적으로 수립했다. 개방성 강화, 부정적 도시
이미지 쇄신, 시민 자긍심 회복 등의 리브랜딩 목적을
설정하고, 이 목적을 쉽고 매력적으로 떠올릴 수 있도록
언어적 상징과 시각적 상징을 개발했다. 또한 도시의

● 사회적 준거나 주관적 기준에 따라 경쟁 브랜드와 비교하여 어떤 상대적 가치를 고객에게 제공할 것인지 가늠하는 것을 가치제안(value proposition)이라고 하며, 가치제안을 활용하는 전략을 포지셔닝(positioning) 전략이라고 한다.

내외부 목적 고객이 브랜딩 활동에 쉽게 접근하여 참여할 수 있도록 브랜딩 경험을 설계했다.

우수한 도시 브랜드로 평가받고 있는 포르투, 암스테르담, 베를린 등은 자신들의 도시를 어떤 수식어로 규정하기보다는 도시명 자체에 집중한 슬로건을 개발하고 도시에 내재된 다양한 가치를 포용할 수 있는 캠페인을 통해 시민과 함께 도시 정체성을 찾아가는 브랜딩을 보여주고 있다.

내가 바로 암스테르담이다: I amsterdam

네덜란드의 수도 암스테르담이 2004년 소개한 'I amsterdam'은 도시 마케팅의 시작을 알렸던 뉴욕의 'I♥NY' 이후 가장 성공적인 도시 브랜드 가운데 하나다. 간단한 언어유희와 명료하고 볼드한 디자인은 사람들에게 강한 인상을 남겼고, 슬로건의 조형물 등은 다른 도시의 벤치마킹 대상이 되었다.

시민에게 자부심을 부여하기 위해 탄생시킨 슬로건도 매력적인 브랜드 요소다. 유럽에서 국토가 작고 역사적으로나 문화적으로 열세인 네덜란드의 이미지를 바꾸려는 시민들의 열망에서 개발이 시작되었다. 특히 마약과 매춘의 도시로 인식되었던 수도 암스테르담은 기존의 부정적 이미지를 탈피하고 시민에게 자부심을 부여하는 이 슬로건을 활용한 캠페인을 통해 도시 이미지를 변화시켰다.

슬로건을 통해 암스테르담이 어떤 의도를 가지고 도시 브랜드 캠페인을 진행했는지 매우 직관적으로 알 수 있는데, 그 의도는 '나 스스로가 암스테르담이다'라는 것을 강조하여 자신이 암스테르담 시민임을 자랑스럽게

암스테르담

생각하도록 시민 의식을 변화시키는 것이었다. 도시 곳곳에 설치된 'I amsterdam' 조형물은 도시의 포토존이 되었고, 시민과 방문객들은 암스테르담에서 찍은 사진에 '#Iamsterdam' 해시태그를 달아 SNS 채널에 업로드한다. 실제로 암스테르담 시정부가 운영하는 SNS 채널의 공식 명칭도 슬로건과 같은 'I amsterdam'이다.

암스테르담의 도시 브랜드 마케팅은 파트너스 조직을 통해 꾸준히 진행되어 유럽의 5대 도시라는 입지를 탄탄하게 다질 수 있었다. 코로나 팬데믹 이전인 2018년 암스테르담 관광객 수는 1900만 명이었는데, 2025년에는 2900만 명으로 크게 늘어날 것으로 예상하고 있다.

나는 베를린 사람이다: be Berlin

독일의 수도 베를린은 냉전 종식 이후 경제·문화 등 다양한 분야에서 눈부신 발전을 이뤘다. 그러나 많은 사람들은 베를린 하면 여전히 어둡고 부정적인 이미지를 떠올렸다. 이런 문제를 해결하고자 베를린에서는 2008년 'be Berlin'이라는 캠페인을 시작했다.

메시지이자 슬로건이며 캠페인 명칭인 'be Berlin'은 냉전 시기 미국의 대통령이었던 존 F. 케네디의 연설문 "2000년 전에는 '나는 로마 시민'이라는 말이 자랑스러웠다면, 지금은 '나는 베를린 사람(Ich bin ein Berliner)'이 가장 자랑스러운 말"에서 따왔다. 이 캠페인은 베를리너의 자존감 회복에 크게 기여했다.

'be Berlin' 캠페인의 우선순위는 시민의 마음을 얻는 것이었다. 베를린의 도시 브랜드 디자인에는 말풍선 형태의 심벌이 사용되었는데, 이 심벌 안에 시민들이 자유롭게 글이나 이미지를 넣는 방식으로 참여를 유도하고 있다. 도시 브랜드를 발표하고 그 의미를 일방적으로 홍보하는 것이 아니라, 시민들이 도시 브랜딩 활동에 기여할 수 있는 여지를 둠으로써 자발적이고 능동적인 참여를 통해 해당 도시에 대한 관심과 도시 브랜드에 대한 긍정적 이미지를 형성하도록 유도하고 있다. 베를린 시민 스스로 베를린에 대해 이야기하고, 이를 통해 시정부, 민간기업, 대학과 연구기관이 총체적으로 도시의 네트워크를 형성하면서 베를린의 매력을 드러내고 있다.

방문할 때마다 새롭게: Tokyo Tokyo

도시는 항상 재미있고 예측할 수 없는 방식으로 변화한다. 전통과 현대를 혼합해 새로운 스타일을 창조한다. 이것이 'Tokyo Tokyo Old meets New'라는 로고와 슬로건이 만들어진 배경이다. 언어적으로는 동어반복이지만, 시각적으로는 전통적인 붓글씨로 쓴 도쿄와 첨단 로봇이 쓴 도쿄라는 글씨가 매력적인 대조를 이루고 있다. 도시 브랜드의 이름이 언어뿐만 아니라 시각적 결과물로도 흥미롭게 개발된 사례다.

같은 도쿄를 두 번 방문할 수 없다는 의미를 담은 이 슬로건은 전통과 혁신이 공존하는 도쿄를 직관적으로 보여준다. 방문할 때마다 새롭고 다양한 것이 발견되는 즐거움을 약속하는 도시로서의 경험적 가치를 부각했다. 사람과 사물, 도시 곳곳에서 펼쳐지는 다양한 일상을 통해, 변하지 않는 전통과 함께 끊임없이 진화하는 도쿄의 라이프스타일을 느낄 수 있다. 도시의 이런 특징은 캠페인 홈페이지와 영상, SNS 콘텐츠 등 다양한 채널과 콘텐츠로 확산하고 있는데, 옛것과 새로움이라는 시각적인 대조가 분명해 방문객에게는 도시에 대한 기대감을 형성시키고 시민에게는 자부심을 느끼게 한다.

  이들 세 도시의 공통점은 고객의 브랜드 경험을 확장했다는 것이다. 즉, 고객이 도시 브랜드를 충분히 경험함으로써 브랜드 정체성을 마음으로 받아들이며 동의하고 인정하게 되었다. 브랜드 정체성이 브랜드 이미지와 일치되는 과정을 브랜드 경험으로 이루어낸 것이다.

열린 도시: cOPENhagen - Open for You

  덴마크 수도 코펜하겐의 'cOPENhagen – Open for You'는 훌륭한 도시 브랜드 사례로 손꼽힌다. 코펜하겐에 방문하는 사람이 얻을 수 있는 다양한 장점과 보람, 새로운 경험 등을 하나로 통합해 담아낸 이 언어적 표현은 도시 이름의 일부를 따와 알기 쉽게 만들었다. 코펜하겐이 가진 개방성(openness)을 표현하기에 부족함이 없다.

  개방성이 강조된 만큼 로고도 다양한 변형이 가능하도록 개발되었다. 로고 가운데에 위치한 녹색 원은 산업이나 주제에 따라서 다양한 색상으로 활용할 수 있다. 하단에 있는 'Open for You'라는 태그라인을 응용하여 'Open for Diversity'(성 소수자), 'Open for Climate Changes'(기후협약) 등 다양한 가치를 표현할 수 있다. 'Open'의 가치지향을 잘 담아냈다.

  시민과 관광객들은 공식 홈페이지를 통해 로고 가운데 위치한 원 안에 원하는 이미지를 넣고 자신만의

코펜하겐

태그라인을 만들 수도 있다. 브랜드를 도시로부터 일방적으로 받아들이는 것이 아니라 참여 과정을 통해 브랜드 경험을 확장하고 도시 가치를 함께 만들어가는 것이다. 사람들은 도시 브랜드에 있는 초록 원을 개성 있게 재구성해 배지(badge)로 만들어 착용했다. 초록 원은 코펜하겐의 건물, 자전거 휠, 광장에 디자인 요소로 활용되었다.

그러나 'Open for You' 캠페인은 론칭한 지 3년 만에 사라졌다. 2009년 12월 코펜하겐에서 열린 COP15(UN 기후변화회의)를 잘 알리고 싶다는 의욕 때문에 워드 플레이(word play)를 통해 '호펜하겐(HOPEnhagen)' 캠페인을 만들었다. '희망(Hope)'이라는 키워드를 전면에 내세워, 저탄소와 녹색성장을 통해 인류에게 새로운 희망을 주겠다는 기후협약 본래의 취지를 직접적으로 보여주는 표현이었다. 그러나 기존 캠페인과 특별한 차별점이 없었고 오히려 기존 캠페인명의 아류로 인식된다는 여론도 생겨났다. 무엇보다 COP15에서 미국과 중국의 반대로 협약이 체결되지 못하자 캠페인 자체의 동력이 상실되었다. 코펜하겐이 기후변화를 막는 희망(Hope)의 도시라는 의미로 'HOPEnhagen'을 브랜드로 도입했지만 COP15가 성과를 거두지 못하면서 '브로켄하겐(BROKENhagen)', '노펜하겐(NOpenhagen)'이라는 조롱의 목소리가 높아지며 캠페인도 막을 내렸다.

도시 브랜드 경험을 통한 고객의 동의와 인정을 얻기가 어려워지면서 지속적인 캠페인 동력을 잃은 코펜하겐은 현재 'Open for You' 대신 'Conpenhagen

Pride'를 도시 브랜드 슬로건으로 활용하고 있다.

시민이 참여하는 도시 캠페인

인천시는 2017년 '모든 길은 인천으로 통한다 all ways INCHEON'이라는 도시 브랜드 슬로건을 사용하면서 인천시의 공공문제 해결을 위한 '도시 사랑 시민 참여 캠페인'을 기획하고 현재까지 추진 중이다. 이 도시 브랜딩 활동은 인천 시민을 대상으로 인천의 이미지를 제고하기 위해 인천 사랑을 주제로 한 참여형 캠페인이다. 시민들의 참여를 통해 인천시의 문제점을 개선하려는 시도였다. 시민참여 캠페인을 효과적으로 진행하려면 쉬운 참여, 문제에 대한 공감, 눈에 띄는 변화가 필요하다. 인천시에서는 이 세 가지 조건을 바탕으로 인천시의 현안을 점검하고 시민참여 캠페인을 진행했다.

당시 지역 신문은 물론이고 인터넷에서도 화제가 된 사건이 있었다. 인천시의 이미지를 악화시키는 주범 가운데 하나로 지목된 '인천 버스의 난폭 운전', '버스 기사 폭행 사건'이었다. 인천시는 시민참여를 통해 시의 이미지 개선을 위해 해결해야 할 문제로 이것을 선정했다. 인천의 시내버스 기사들을 인터뷰한 결과, 대부분의 기사는 시간에 쫓기며 장시간 외롭게 근무하는 감정노동자라는 사실을 확인할 수 있었다. 이에 시민들이 버스 기사에 대한 오해를 풀고 오히려 기사들을 응원함으로써 대중교통 환경 개선으로 이어질 수 있도록 캠페인을 설계했다. 그 가운데 하나가 '하차벨 감사 멘트'다. 히치벨을 누르면 센서 반응을 통해 미리 녹음해둔 시민의 감사 멘트가 자동으로 재생되는 기기를 제작한 것이다. 8번 버스는 인천 시내버스 가운데 최장거리 노선으로 156곳의 정류장을 지나가는데, 인천 시민 156명의 응원 멘트를 녹음해 이 버스의 하차벨 메시지로 만들었다. 수많은 언론매체가 이 내용을 보도했고, SNS 영상에는 5000개가 넘는 공감과 댓글이 쏟아지며 화제가 되었다. 이 캠페인을 알게 된 인천 시내 초등학생들이 버스 기사에게 직접 응원 편지를 보냈고, 버스 기사들도 고마운 마음을 담은 자필 편지를 아이들에게 보내는 등 따뜻한 교감이 이뤄졌다.

  2018년 원도심 주거환경 개선을 위한 '바라는대路(로)' 캠페인은 원도심의 주차 문제와 쓰레기 무단투기에 대처하는 시민의 행동을 서비스 디자인으로 풀어냈고, 2019년 '에너지 잇고, 미래 잇다' 캠페인은 자가발전 에너지 배턴을 개발하여 시민 스스로 에너지를 생산하고 소비하는 실천을 유도했다.

  2020년 코로나19로 도시 브랜딩 활동과 시민의 공공 활동이 제한되자 '인천크래프트' 캠페인을 통해 가상세계에서 인천시를 시민과 함께 만들어 도시 경험을 확장했다. 인천시가 세계적인 게임인 마인크래프트(Minecraft)와 함께 만든 것이 인천크래프트인데, 메타버스를 활용해 과거와 현재 그리고 미래를 상상할 수 있도록 캠페인을 기획했다. 채굴(Mine)과 제작(Craft)을 중심으로 하는 게임 마인크래프트에 강화도 고인돌, 근대 건축 역사가 담긴 개항장 거리, 인천공항, 송도 센트럴파크 등 인천의 랜드마크를 지었다. 온라인상에 인천을 구현한 것이다.

  코로나 팬데믹으로 여행이 자유롭지 못한 상황에서 사람들이 가상세계를 통해 인천의 과거,

현재, 미래를 여행하고 체험할 수 있도록 만들었다. 이런 마케팅을 옴니채널(omni-channel) 마케팅이라고 한다. 소비자가 다양한 경로를 넘나들며 브랜드를 검색하고 체험하며 소비할 수 있도록 하는 서비스다. 인천광역시의 이런 옴니채널 서비스는 MZ세대가 흥미를 느끼는 가상세계와 캐릭터 세계관을 접목한 참여형 도시 브랜드 마케팅이다.

'인천크래프트'는 인천의 건축물이나 도시 경관을 그대로 재현할 뿐만 아니라 참여자가 상상력을 바탕으로 미래 인천의 모습까지 만들어볼 수 있도록 기획되었다. 이는 젊은 층을 중심으로 사람들이 모여드는 도시, 인천의 세계관을 자연스럽게 받아들일 수 있다는 점에서 더욱 효과적으로 MZ세대에게 어필할 수 있었다. 시민이 참여하는 캠페인을 통해 브랜드 경험을 온라인까지 확장한 우수한 사례이다.

새로운 행정 서비스로 메타버스 플랫폼을 활용하는 사례도 생겨났다. 대표적으로 서울시가 세계 최초로 공공 메타버스 플랫폼인 '메타버스 서울'을 구축하고 2023년 1월부터 서비스를 시작했다. 온라인 가상공간에서 자유롭고 창의적으로 표현하고 소통하는 커뮤니티 공간을 표방하고 있다. 책 읽는 서울광장, 계절별 미니게임, 시민참여 공모전, 메타버스 시장실 등을 구현했다. 시민들은 이곳에서 아바타로 접속해 함께 소통하며 랜드마크를 방문하거나 원하는 행정 서비스를 이용할 수 있다. 이렇게 한발 앞선 서비스에 주목한 미국〈타임〉지는 공공 분야 '2022년 최고의 발명(The Best Inventions of 2022)'으로 메타버스 서울을 선정했다. 이에 부응하듯 서울시는 세계 최초로 공공 메타버스 플랫폼 앱을 구축하고 있는 만큼 가상공간에서 새로운 개념의 공공 서비스 표준 모델로 자리매김하겠다는 의지를 다지고 있다. 2023년은 메타버스 서울 2단계 사업 기간으로 메타버스 시민 안전 체험관, 부동산 계약, 동대문디자인프라자(DDP) 메타버스, 외국인 지원사업, 청년 정책 콘텐츠 발굴·구축 등 분야별 시정 서비스를 확대할 계획이다.

똑같은 도시는 없다

우리 도시는 방문자들에게 어떤 경험을 전달할 것인가? 각 도시가 가진 자원이 다른 만큼 전달하는 경험도 모두 다를 것이다. 접근성이 편리한 도시는 교통수단의 편리함이 방문객을 편안하게 하는 차별적 경험이 될 수 있고, 접근성은 떨어지지만 힘든 여정을 통해 방문객에게 그 도시만의 특별한 인상을 제공할 수 있다면 이것 또한 차별화된 경험이 될 수 있다.

필자는 얼마 전 울릉도에 다녀왔다. 한 그릇에 2만 원인 칼국수를 먹으며 일행의 다양한 의견을 들을 수 있었다. 더 비싼 재료로 만드는 칼국수도 1만 원 이하인데 아무리 섬이라고 해도 칼국수 한 그릇에 2만 원은 너무하다는 불평도 있었던 반면, 서울에서 특별한 환대, 멋진 인테리어, 셰프의 특별한 설명 등이 가미된 한 끼 식사가 40만 원 가까이 하는 경우도 있는데 원재료를 육지에서 공급받아야 하는 울릉도에서 칼국수 2만 원은 싼 것 아니냐는 의견도 있었다. 둘 다 맞는 말이다. 음식을 먹는 과정이 단순히 배고픔을 달래는 것이 아니라 그 도시 경험의 일부이기 때문에 우리 도시는 이런 경험을 어떻게 설계할 것인지 고민이 필요한 것이다. 일방적으로 전달하는 서비스가 아닌 고객 입장에서 받아들이는 경험에 따라 가격에 대한 저항선은 매우 달라진다. 비단 가격뿐만이 아니다.

　　울릉도의 교통, 숙박, 음식점 등 모든 편의시설을 도시와 같은 어메니티(amenity)(쾌적성. 지역의 문화, 특산품, 문화유적 등 다양한 자원을 통해 사람들에게 쾌적함과 만족감을 주는 요소를 통틀어 일컫는 말)로 개발하여 관광지로 만들 것인가, 지금 그대로의 모습을 보전하면서 가기는 힘들지만 다른 섬에서는 느끼지 못하는 가치를 전달하게 할 것인가, 기상 상태에 따라 가기도 나오기도 힘든 섬으로 포지셔닝할 것인가, 나에게 집중하기 위해 선택적 고립을 할 수 있는 섬으로 포지셔닝할 것인가, 우리 도시가 어떤 도시가 되게 할 것인지 고민이 필요한 지점이다.

　　우리는 이런 것을 브랜드 경험 설계라고 한다. 도시의 다양한 구성원을 모두 컨트롤할 수는 없다고 할 수도 있다. 그러나 우리나라가 개발도상국일 때의 국민의식과 현재의 국민의식이 다른 것처럼 도시도 방향성을 정하고 어떻게 브랜딩하느냐에 따라 구성원의 브랜딩 활동이 달라질 수 있다. 이런 과정을 통해 도시에 대해 사람들이 갖는 이미지가 달라진다.

　　실체는 달라지기 힘들다. 그러나 실체를 바탕으로 정체성을 만들고 소통하는 방식을 어떻게 설계하느냐에 따라 고객이 받아들이는 이미지를 긍정적으로 만들 수 있다. 똑같은 도시는 없다. 도시만의 차별적 경쟁력을 만들어야 한다.

2부
도시 × 리브랜딩

08 '도시다움'을 만드는 새로운 가치

기원전 4000~3000년경 고대 문명이 출현할 무렵 사람들은 물과 식량을 구하기 쉽고 안전이 보장된 곳에 모여 살기 시작했다. 이것이 황하, 메소포타미아, 인더스, 이집트 등 세계 4대 문명 발상지로 널리 알려진 지역의 특징이다. 이런 조건을 충족시킬 수 있는 곳은 바로 큰 강가나 바닷가였다. 인류 문명이 시작되고 수렵 생활이 정착 생활로 바뀌면서 자연재해에 대비해 물을 구하기 쉬우면서 농경에 유리한 넓은 평야가 필요했다. 이런 조건에 맞는 평야는 큰 강 주변부에 있는 충적평야였고, 그 주변에 사람들이 모여 살기 시작하면서 도시가 형성되었다.

현대의 많은 도시는 사람들이 생계를 유지하며 살아갈 수 있는 풍족한 일자리를 필요로 한다. 이를 해결할 수 있는 방법이 생산과 무역이다. 세계적인 대도시들은 외국에서 자원을 수입하거나 생산한 물품을 바로 수출할 수 있도록 해항교통이 편리한 바닷가 인근에서 성장과 발전을 이어나갔다.

제조업과 중공업이 주도하던 20세기에는 기업을 유치하고, 공장을 짓고, 대규모로 노동자를 채용하는 등 지역경제가 기업을 중심으로 움직였다. 그러나 4차 산업혁명 시대를 맞이한 지금 공장 중심의 도시들은 쇠락의 길을 걷기 시작했다. 특히 항만을 중심으로 중공업, 철강, 물류를 담당하던 해항(海港)도시들의 타격이 가장 컸다.

2010년 전후로 도시 브랜드를 개발하거나 리브랜딩한 사례를 보면 해항도시가 가장 많다. 도시의 중심 산업 변화에 따라 도시의 정체성과 이미지를 다시 정립해야 할 필요가 있었기 때문이다. 일본의 요코하마, 포르투갈의 포르투, 한국의 인천과 부산, 호주의 멜버른 등이 대표적이다.

세계 경제구조가 산업화에서 정보화로 이동하고, 세계화를 통해 선진국은 노동력이 많이 투입되는 제조업과 같은 산업의 거점을 후발경제국가로 옮겼다. 도시의 1, 2차 산업이 사양길에 접어들면서 도시의 기능도 바뀌었다. 이같이 산업구조가 재편되면서 많은 해항도시들이 리브랜딩에 나섰다.

도시의 경제를 든든하게 받쳐주는 산업이 자리 잡고 있을 때는 도시가 마케팅 대상이 아니었다. 도시를 브랜드 관점에서 바라보지 않아도 도시의 경제 활동이 원활히 이루어지는 데 필수적인 산업이 건재했고, 시민들이 그 지역 안에서 안정적인 일자리를 얻을 수 있었기 때문이다.

산업구조에 따라 도시의 역할이 고정되어 있던 시기에는 도시가 사람들에게 선택의 대상이 아니었다. 또한 교통수단이 다각화되고 교통망이 정비되어 전국이 일일생활권에 접어들기 전에는 도시 간 이동이 어려웠기 때문에 거주지와 근무지가 분리되기 힘들었다. 그러나 요즘은 다른 도시로 거주공간을 옮기거나 두 가지 이상의 직업을 갖고 여러 도시에 머무르는 경우가 늘어나고 있다. 주거지와 근무지를 분리하고, 투자하고, 여행하기가 한결 자유로워진 것이다.

도시를 선택하는 시대

도시 브랜드의 성공 사례에 등장하는 곳 가운데 해항도시가 먼저 눈에 띄는 이유는 산업의 변화에 민감한 지리적 위치 때문이다. 리브랜딩을 통해 거주민의 이탈을 막고, 투자자와 관광객을 유치할 수 있는 전략이 필요했다. 해항도시의 리브랜딩은 도시의 브랜드 가치를 높여 사람들의 선택을 받기 위한 생존전략이었다.

영국에서는 도시를 제품 브랜드처럼 인식하면서 낡고 침체된 도시 이미지를 쇄신하기 위해 노력했다. 이 과정에서 '기업가적 도시(entrepreneurial city)'라는 개념이 탄생했다. 도시를 행정적으로 관리하는 것을 넘어 기업가 정신을 바탕으로 경영한다는 전략이다.

수요가 공급보다 많을 때 제품은 경쟁하지 않는다. 이름만으로 존재해도 큰 문제가 없다. 소비자에게는 브랜드가 아니라 제품의 기능 자체가 중요하기 때문이다. 그러나 공급이 수요보다 많을 때 브랜드는 경쟁하기 시작한다. 소비자에게는 제품

자체보다 그 제품 브랜드가 가진 다양한 가치가 선택의 조건이 되기 때문이다.

제품의 기능을 넘어 그 제품을 사용하는 소비자가 느끼는 감정이 더 중요해질 때 브랜딩이 시작된다. 도시도 마찬가지다. 고객 입장에서 선택할 수 있는 도시가 많아지면, 다른 도시에서 제공하지 못하는 새롭고 독특한 가치를 창출해야 하는 상황에 직면하게 된다.

해항도시는 바다와 맞닿아 있으면서 다른 나라와의 교역을 위한 항구를 갖춘 곳이다. 항만 기능뿐만 아니라 그 나라 역사·문화·상업의 관문(關門) 역할도 한다. 이런 지정학적 특성으로 상업과 공업이 발달하고, 다양한 유동인구를 상대하는 서비스 산업과 부대시설이 발달했다.

세계 주요 해항도시는 나라 안과 밖을 연결해주는 네트워크 허브 역할을 맡고 있다. 21세기 국가의 역할을 수행하는 세계도시가 부상하는 가운데 해항도시는 경제·관광 산업의 활성화, 새로운 민족 정체성 찾기, 복합적인 문화 형성 등 다양한 움직임을 보이고 있다. 전통과 현대, 문화와 경제, 지역과 세계, 대륙과 해양을 연결하는 멀티플레이어 역할을 수행하고 있는 것이다.

세월이 흐르면서 해항도시의 기능과 역할도 변화하고 있다. 해항도시의 리브랜딩 전략이 필요한 까닭이다. 이는 차별화된 새로운 도시 정체성을 개발하기 위한 마케팅 전략이기도 하다. 리브랜딩의 목표는 리포지셔닝을 통해 브랜드의 가치를 업그레이드하는 것이다. '리포지셔닝(repositioning)'이란 소비자의 욕구와 경쟁 환경이 달라지면서 제품이 기존에 갖고 있던 포지션을 분석해 새롭게 조정하는 활동을 말한다. 활동은 크게 네 가지다. 첫째, 도시(혹은 기업, 제품, 서비스)의 가치를 높인다. 둘째, 사람들에게 도시의 긍정적인 이미지를 심어준다. 셋째, 도시의 부정적인 이미지는 최소화한다. 넷째, 도시의 새로운 브랜드 자산을 쌓아나간다.

그렇다면 세계 주요 해항도시들은 어떤 리브랜딩 전략으로 자신의 브랜드 가치를 높이고 있을까?

힙스터의 도시 '포틀랜드 스피릿'

괴짜들과 힙스터(hipster)(유행을 좇는 사람)들의 도시, 〈킨포크(Kinfolk)〉(슬로 라이프를 추구하는 미국의 잡지)의 도시, 라이프스타일 도시, 미국에서 가장 진보적인 도시……. 이처럼 다양한 수식어가 존재하는 포틀랜드(Portland)는 어떻게 브랜딩이 되었을까?

포틀랜드는 미국 북서부에 위치한 오리건주 최대 도시이다. 무역항을 끼고 미국 중부의 농산물을 수출하는 거점 역할을 하며 1900년대 초까지 상업적으로 매우 번창한 도시였다. 포틀랜드는 인류 역사상 최대 규모의 인구가 이동한 오리건 트레일(Oregon Trail)의 종착지이다. 오리건 트레일은 미국 서부개척시대 개척자들이 지나던 길이 약 3490킬로미터의 횡단로로, 동부 미주리에서 시작해 서부 해안에 있는 오리건까지 이어진다. 사냥꾼이나 선교사들이 이용했으나 골드러시 시대에 개척자들이 이용하며 대중화되었으며, 19세기에 무려 40만 명이 이 길을 통해 이주했다. 1845년 뉴잉글랜드에서 건너온 두 명의 토지 개발자인 보스턴의

에이사 러브조이(Asa Lovejoy)와 메인주 포틀랜드의 프랜시스 페티그로브(Francis Pettygrove)가 이곳에 정착하면서 동전(Portland Penny)(이 동전은 포틀랜드 시내 오리건 역사협회 박물관에 소장되어 있다) 던지기를 통해 이름을 정했는데, 페티그로브가 이겨서 포틀랜드라는 이름을 쓰게 되었다.

    포틀랜드는 오리건주 북서부 교통과 상업의 중심지로서 전통 산업인 어업, 조선업 외에도 다양한 제조업이 발달했다. 태평양과 연결된 컬럼비아강의 해운산업 중심지로 도매업 시장 규모도 크다. 세계적인 스포츠 브랜드인 나이키의 본사도 1978년 포틀랜드에 자리 잡았다.

    하지만 1970년대 미국 전역에 불어닥친 제조업 쇠퇴의 바람은 다른 대도시와 마찬가지로 포틀랜드 지역경제에도 심각한 타격을 주었다. 경제위기와 함께 도시 슬럼화도 찾아왔다. 포틀랜드 당국은 도시 중심부를 대대적으로 정비하며 위기를 극복하기 위해 노력했다. 그 결과 미국 서부의 자유분방한 문화를 만끽할 수 있는 최고의 도시로 거듭났다.

    아웃도어 산업은 포틀랜드의 대표 산업이다. 포틀랜드가 속한 오리건주 일대는 북동태평양 연안으로 위도가 높은 지역이지만 온난한 기후와 환상적인 해안선, 빙하와 협곡 등 천혜의 자연경관을 자랑한다. 아웃도어 산업이 발달할 수밖에 없는 지리적 특성을 가진 것이다. 따라서 도시의 삶에 아웃도어가 자연스레 녹아 있다. 나이키뿐만 아니라 아디다스의 북미 본사도 포틀랜드에 있으며, 이들을 비롯한 세계 굴지의 브랜드들이 포틀랜드의 아웃도어 산업을 견인하고 있다.

포틀랜드가 대기업 외에도 작지만 강한 아웃도어 기업을 바탕으로 튼튼한 산업 생태계를 구축하고 있는 이유는 이 같은 지리적 특성과 라이프스타일에서 찾을 수 있다.

포틀랜드 거리의 상점에서는 'We Welcome(우리가 환영합니다)'이라는 문구가 담긴 포스터를 쉽게 볼 수 있다. 어떤 인종이든 어떤 종교든 어느 지역 출신이든 어떤 성 정체성이든 다양성을 수용하는 도시의 단면을 보는 듯하다. 포틀랜드에서는 또한 힙스터의 도시답게 'Keep Portland Weird'라는 슬로건을 비공식적으로 사용하고 있다. 이 슬로건을 직역하면 '포틀랜드를 별난 상태로 둬!'이고, 의역하면 '포틀랜드는 개성이 강한 도시이고 그 점이 자랑스러우니까 우리 좀 가만둬!' 정도로 해석할 수 있다. 이 슬로건은 그라피티로 형태로 포틀랜드 곳곳에서 만날 수 있다. 텍사스주 오스틴시 소상공인연맹의 표어 'Keep Austin Weird'에서 유래했으며 '거대기업에 밀려 망하지 말자'는 취지에서 만들어졌다.

포틀랜드 사람들은 이를 독특하고 별난 문화 그 자체를 상징하는 슬로건으로 사용하고 있다. 일례로 포틀랜드에 있는 밀엔즈 공원(Mill Ends Park) 이야기가 유명하다. 1971년 《기네스북》에 세계에서 가장 작은 공원으로 등재된 이 지름 61센티미터짜리 공원은 〈오리건 저널(Oregon Journal)〉의 칼럼니스트 딕 페이건(Dick Fagan)이 마감시간에 임박해서 지면을 채우기 위해 지어낸 이야기가 발단이 되어 만들어졌다. 사무실에서 내려다보이는 거리에 신호등이 세워질 장소가 오랜 기간 비어 있는 것을 본 페이건은 그곳에 꽃을 심고 '밀 엔즈(Mill Ends)(제재소에서 목재를 가공하고

포틀랜드

밀엔즈 공원, 포틀랜드 © Wikimedia Commons

남은 조각)'라는 제목의 칼럼을 썼다. 이 칼럼의 내용은 이렇다. 페이건이 아일랜드 설화에 등장하는 요정 레프러콘(Leprechaun)(무지개 끝에 숨겨진 금항아리를 보유한 구두장이 요정)을 우연히 붙잡았는데, 이 요정은 자신을 풀어주는 조건으로 페이건의 소원을 들어주기로 약속한다. 페이건은 공원을 갖고 싶다는 소원을 빌었지만 크기를 언급하지 않는 바람에 61센티미터짜리 공원을 받게 되었다는 별난 이야기이다.

이렇게 급조된 칼럼은 생각지 못한 결과를 낳았다. 이 이야기를 사람들이 너무 좋아한 나머지 연재 요구까지 하기에 이른 것이다. 더불어 밀엔즈 공원을 정식 공원으로 지정하자는 시민사회의 요구가 6년간 이어지며 1976년 공식적으로 도시공원이 되었다. 합리적이지 않아 보이는 소수의 작은 의견도 포틀랜드에서는 실현될 수 있다는 이곳의 도시 정신을 엿볼 수 있다.

포틀랜드의 산업은 제조업에만 국한되지 않고 다양한 스펙트럼을 보인다. 한 지역의 문화예술 직종에 종사하는 사람들의 규모를 측정하는 보헤미안 지수(Bohemian Index)에서도 높은 점수를 받았다. 이 지수는 도시가 창조성과 예술성을 얼마나 중요하게 여기는지, 문화예술을 얼마나 비중 있게 지원하는지 판단하는 척도다. 예술가가 정착할 수 있는 환경은 도시의 창의성과도 연결된다. 예술적 환경이 풍부하게 뒷받침되면 지역경제 활성화에도 큰 도움이 된다. 미국 3대 커피 브랜드 가운데 하나인 스텀프타운 커피(Stumptown Coffee Roasters), 커뮤니티 호텔 사업을 개척한 에이스 호텔(Ace Hotel), 세계 최대의 독립서점으로 지역사회의 자연, 문화, 음식, 생활 등을 소개하는 파월 서점(Powell's Books)도 포틀랜드의 로컬 브랜드로 시작해 글로벌 브랜드로 성장한 대표적인 사례다. 빅 브랜드와 스몰 브랜드가 공존하는 도시로서, 거대자본이 독식하는 것이 아니라 소상공인과 상생하는 구조를 만든 것이 포틀랜드의 가장 큰 경쟁력이다. 생존을 위해 경쟁하던 단계를 뛰어넘어 상생의 구조를 정착시킨 도시문화가 포틀랜드의 자부심이자 힘의 원천이다.

  도시 브랜딩의 목표는 도시민이 살고 싶고, 투자자가 투자하고 싶고, 여행객이 방문하고 싶은 도시가 되는 것이다. 도시 브랜드는 슬로건, 로고타이프, 캐릭터로 상징화될 수 있지만, 그런 시각적 상징이 전부는 아니다. 도시 브랜드는 도시의 이름 그 자체로 설명되는 도시의 이미지다. 포틀랜드는 다양성을 존중하고, 라이프스타일 문화를 주도하며, 현대사회 도시민들의 더 나은 삶을 안내하는 새로운 도시문화를 바탕으로 강력한 도시 브랜드를 만들고 있다.

포르투, 역사와 문화에 대한 자부심

  항구(port)를 뜻하는 포르투(Porto)는 포르투갈 제2의 도시이며 반도 끝에 위치한 해항도시로서 2000년이 넘는 오랜 역사를 지니고 있다. 포르투의 중심지인 역사지구는 1996년 유네스코 세계유산으로 지정되었다. 아름다운 아줄레주(azulejo)(도자기 타일)로 장식된 상벤투 기차역과 독특한 포트와인을 체험할 수 있는 와이너리 투어 등으로 많은 관광객의 사랑을 받고 있다.

포르투 ⓒ 김진석

상벤투 기차역, 포르투 ⓒ 김진서

2014년 포르투는 새로운 도전에 나섰다. 다양한 개성을 가진 도시라는 정체성을 바탕으로 이를 하나로 묶는 새로운 비주얼 시스템을 만든 것이다. 그 결과가 포르투의 건축·역사·문화 등에 있는 다양한 특색을 담은 아이콘이다. 이 아이콘은 개별로도 쓸 수 있고 조합해서도 쓸 수 있게 디자인되었다. 도시의 유·무형 자산을 활용해 다양성과 개방성을 상징하는 시각 체계를 완성한 것이다. 이 아이콘을 활용한 비주얼 시스템은 시각적 상징으로 사용되었고, 포르투갈의 시그니처인 아줄레주를 그래픽 모티브로 삼아 다양성 안에서 통일성을 추구했다. 이렇게 만들어진 70여 개의 개별 아이콘은 해항도시를 상징하는 컬러인 파란색으로 제작되어 도시 곳곳에서 포르투 홍보대사 역할을 하고 있다. 역사·문화적 자산을 그래픽 모티브로 개발해 포르투의 기존 이미지를 강화하는 도시 브랜드 전략을 펼친 것이다.

언어적 상징인 '포르투닷(Porto.)'은 '포르투는 그 자체로 포르투'라는 자신감을 표현했다. 이렇게 도시를 리브랜딩하면서 관광객 한 사람의 평균 소비가 2013년의 220유로에서 2014년에는 412유로로 크게 늘었다. 2015년부터는 글로벌 컨설팅 회사 A.T. 커니에서 펴내는 글로벌 도시 보고서의 도시경쟁력 지수 순위권에 진입했다.

'맥주 도시' 칭다오의 미래

우리에게 맥주로 친숙한 도시 칭다오(青島)는 나무가 많아 일 년 내내 푸르다고 해서 이런 이름이 붙었다. 명(明)나라, 청(淸)나라 때는 북방의 해안

요충지였지만, 규모는 작은 어촌마을이었다. 청나라는 아편전쟁 이후 쇠락의 길을 걸으며 홍콩을 영국에 할양(割讓)(국가 간의 합의에 따라 자기 나라 영토의 일부를 다른 나라에 넘겨주는 것)한 뒤에는 칭다오를 전략적 요충지로 삼았다.

　　　　1897년 독일군 침공 이후 독일이 99년 동안 칭다오를 조차(租借)(한 나라가 다른 나라 땅 일부에 대한 통치권을 얻어 일정한 기간 동안 지배하는 것)하는 조약을 체결했고, 이국적인 도시문화가 싹트기 시작했다. 100년이 넘는 유럽풍 저택 200여 채가 지금까지 보존되어 있는 옛 시가지는 세계적인 관광명소가 되었다.

　　　　칭다오는 고국의 맥주를 그리워하던 독일인들이 자국의 원료와 공법으로 새로운 맥주를 만들기 시작하면서 '맥주 도시'로서의 명성이 시작되었다. 1903년 라오산(嶗山)의 청정 광천수로 제조하기 시작한 칭다오 맥주는 현재 세계 4대 맥주 가운데 하나로 손꼽힌다. 1992년부터 관광 활성화를 위해 개최하는 맥주 축제는 중국의 대표적인 도시 페스티벌로 유명하다.

　　　　철강, 석탄, 석유화학, 조선 등 중국 경제를 이끌던 전통 산업이 구조조정 위기에 직면하면서 칭다오는 미래 성장 동력을 바다에서 찾고 있다. 중국을 대표하는 해양과학기술도시로 자리매김하겠다는 포부가 그 가운데 하나다. 칭다오에는 해양과학 분야 연구소만 30곳이 넘는다. 중국의 유일한 종합해양대학인 중국해양대학도 칭다오에 있다.

'I amsterdam', 부정적인 이미지를 걷어내다

네덜란드 헌법에서 규정한 수도 암스테르담(Amsterdam)에는 유럽 최대 규모의 항구가 있는 로테르담(Rotterdam)에 이어 두 번째로 큰 무역항이 있다. 도시 규모로는 암스테르담이 로테르담보다 크다. 170여 개 국적의 이민자가 사는 다양성의 도시 암스테르담은 12세기 무렵 도시를 형성한 이래 유럽의 중심적인 해항도시로 성장해왔다.

세월이 지나고 도시의 역할이 달라지면서 암스테르담은 '환락의 도시'라는 이미지가 커졌다. 암스테르담에서는 이런 부정적 인식을 바꾸기 위한 도시 브랜드 전략을 고민했다. 2002년에는 상업정신(Spirit of Commerce), 창의(Creativity), 혁신(Innovation) 등 세 가지 핵심가치를 바탕으로 '운하의 도시, 문화의 도시, 만남의 도시, 비즈니스의 도시, 지식의 도시, 거주하기 좋은 도시'라는 여섯 가지 지향점을 만들었다. 이 가치 지향점을 연결한 것이 바로 '아이 암스테르담(I amsterdam)'이라는 도시 브랜드 슬로건이다.

'I amsterdam'이라는 도시 브랜드 슬로건은 내가 발을 딛고 있는 암스테르담에서 온전히 자유를 즐긴다는 의미를 담고 있다. 시각적 상징인 로고에서는 볼드체에 검정과 빨강의 컬러가 강렬한 대비를 이룬다. 이 슬로건과 로고타이프는 뉴욕의 'I♥NY'만큼이나 강렬하고 직관적이라는 평가를 받는다. '~이다'라는 정체성을 드러내는 'am'은 도시 이름인 'Amsterdam'의 앞 두 글자와 공통분모를 이루는 중의적인 표현이다.

암스테르담은 사진 공유 사이트를 통해 도시 브랜드 로고가 새겨진 다양한 상품과 조형물,

암스테르담 ⓒ 김진석

도시민과 여행자의 경험을 공유함으로써 도시에서의
여정을 온라인까지 확장했다. '암스테르담 파트너스',
'암스테르담 스토어' 등 다양한 옴니채널(omni-channel)
전략을 통해 사람들의 브랜드 경험을 넓혀나갔다.
이 전략은 성공했다. 시민들의 결속력과 소속감이
높아졌고, 관광객이 꾸준히 늘어났다. 옴니채널은
소비자가 온라인, 오프라인, 모바일 등 다양한 경로를
넘나들며 상품을 검색하고 구매할 수 있는 서비스를
뜻한다.

  암스테르담은 이처럼 새로운 도시 정체성을
만드는 전략을 통해 부정적인 이미지를 씻어냈다.
2004년 슬로건 'I amsterdam'을 완성하며 본격적인 도시
브랜딩 활동을 펼친 암스테르담은 2005년 '앤홀트-GfK
도시 브랜드 지수(CBI)'에서 6위를 차지했다. 유럽의
도시 브랜드에 대한 여러 조사에서도 브랜드, 자산,
기반시설 부문에서 모두 상위권을 유지하고 있다.

  암스테르담은 지금도 파트너스 조직을 통해 도시
브랜드 마케팅 활동을 활발하게 펼치고 있다. 꾸준하게
리브랜딩 활동을 지속한 결과, 유럽의 5대 도시라는
입지를 탄탄하게 다질 수 있었다. 코로나 팬데믹 이전인
2018년의 암스테르담 관광객 수는 1900만 명이었는데,
2025년에는 2900만 명으로 크게 늘어날 것으로
예상하고 있다.

'일본 최초'를 강점으로 되살린 요코하마

  일본 에도(江戶) 시대의 쇄국(鎖國)정책은 200년
이상 지속되다가, 1859년 요코하마(橫濱)가 일본에서는
처음으로 미국 등 서양에 문호를 개방하면서 막을

내렸다. 도쿄 인근의 항구도시 요코하마는 19세기 중반 미국에 의해 개항돼 상·공업 중심지로 발전했다. 제2차 세계대전 이후에도 무역과 공업 중심지로서 신도시와 고속도로가 건설되는 등 고도 성장기를 누렸다.

일본 역사에서 요코하마는 '최초'라는 타이틀을 많이 갖고 있는 도시다. 신문, 호텔, 철도, 가스등, 사진관, 우유, 맥주 등이 요코하마를 통해 일본에 처음 들어왔다. 일본을 근대국가로 들어서게 만든 메이지(明治) 유신의 신호탄이 요코하마에서 터진 것이다. 개항 당시만 해도 100여 세대에 인구 600명가량의 가난한 농·어촌이었던 요코하마는 개항 이후 인구와 면적이 계속 늘어나며 급성장했다. 2020년 현재 370만여 명의 인구가 있는 요코하마는 도쿄 다음으로 큰 일본 제2의 도시다.

요코하마는 개항을 기점으로 현대적인 부역도시의 기능을 갖추면서 실크와 차 등을 외국에 수출했다. 1923년 관동대지진으로 폐허가 되었지만, 시민들의 힘으로 1929년 재건에 성공했다. 1931년부터는 무역도시에서 화학·중공업 중심의 공업도시로 발전했다. 그러다 제2차 세계대전 이후 제조업이 쇠퇴하면서 1980년대에는 '도쿄의 베드타운'으로 전락했다.

일본의 경제성장기가 시작되면서 상황은 반전되었다. 1989년 요코하마 엑스포(YES '89)를 유치한 것이 좋은 기회였다. 이를 계기로 요코하마는 낡고 쇠퇴한 도시 이미지를 벗고 국제문화도시로 거듭나기 위해 21세기 미래 항구도시라는 뜻의 '미나토 미라이 21(MM21)' 사업을 벌이면서 도시의 하드웨어를

요코하마

재건했다. 이와 더불어 '창조도시 요코하마(Creative City Yokohama)'라는 슬로건을 내걸고 문화관광지로 거듭나기 위해 지역자원을 개발하는 등 소프트웨어 업그레이드도 동시에 진행했다.

2009년 개항 150주년을 맞은 요코하마는 도시 브랜딩 활동을 단지 외부적인 경쟁력 강화의 기회로만 삼지 않았다. '이매진 요코하마(Imagine Yokohama)' 캠페인을 통해 시민들과 함께 도시의 미래상을 구상하고 토론하는 장을 만들었다. 공동체 구성원들이 함께 만들어가는 도시라는 관심과 공감대를 이끌어낼 수 있었다.

요코하마는 박물관, 클래식 음악홀, 노(能)(일본의 전통 가면무극) 극장 같은 문화예술 시설에도 집중적으로 투자했다. 시민과 관광객의 관심과 참여를 이끌어내며 문화도시라는 정체성을 다져나갔다. 역사가 오래된 건물들은 예술가와 창작자가 활용할 수 있도록 기회를 제공해줌으로써 요코하마의 경제적 부흥도 꾀했다. 이런 활동은 요코하마를 이름난 관광지뿐만이 아니라 비즈니스와 문화의 도시라는 매력을 갖춘 곳으로 변모시켰다.

세계디자인수도 케이프타운의 변신

수에즈 운하가 개통되기 전까지 유럽에서 아시아로 이동하는 항로의 주요 거점이었던 케이프타운은 남아프리카 공화국을 여행하는 사람들에게 가장 인기 있는 여행지 중 하나다. 이곳에는 세계적으로 사랑받는 영국의 건축가 토머스 헤더윅(Thomas Heatherwick)이 건축한 아프리카 최초,

최대 규모, 최고층을 자랑하는 현대미술관 '자이츠 아프리카 현대미술관(Zeitz MOCAA)'이 있다. 2017년 완공된 이 미술관은 기존의 곡식창고를 재건축해 만든 공간이다. 1921년 케이프타운 항구에 지어진 옥수수 사일로(silo)(거대한 원기둥 형태의 저장고)를 최대한 보전하면서 디자인했는데, 미술관 내부에 원통 모양의 창고를 곡식의 낟알 형태로 둥글게 잘라내어 관객들이 들어갈 수 있도록 만들었다.

옥수수 사일로는 총 42개에 높이 57미터에 달하는 거대한 규모였고, 남아프리카에서 생산되는 옥수수를 저장하고 등급을 매기는 데 사용되었다. 그러나 컨테이너 운송사업이 활발해지면서 저장고의 역할이 사라지는 바람에 100년 가까이 방치되었다. 처음에는 옥수수 사일로를 모두 철거하고 미술관을 짓자는 의견이 많았지만, 헤더윅은 건물에 담겨 있는 역사와 문화를 그대로 살려냈다. 건축물의 디자인과 외관이 인상적인 이 미술관은 남아프리카의 역사, 문화, 정체성, 정치 문제를 다루는 작품을 꾸준히 전시하는 것으로도 명성을 얻고 있다.

케이프타운에는 자이츠 아프리카 현대미술관뿐만 아니라 옛 건물의 정체성을 담은 다양한 공간들이 있다. 옛 비스킷 공장을 복합문화공간으로 탈바꿈시킨 '올드 비스킷 밀(The Old Biscuit Mill)'이나, V&A 워터프런트(V&A Waterfront)(1860년 항구 건설을 시작한 앨프리드 왕자와 그 어머니 빅토리아 여왕의 이름을 딴 항구)에 위치한 큰 창고를 개조한 곳으로 패션·가구 등 예술가의 디자인 작품부터 장인이 만든 공예품 등을 파는 수공예 공방이 모여 있는 '워터셰드(Watershed)'도

자이츠 아프리가 현대미술관, 케이프타운 © Wikimedia Commons

있다.

케이프타운은 2014년 세계디자인수도(World Design Capital: WDC)●로 선정되었다. 선정 이유는 460여 개의 디자인 프로젝트를 진행하며 범죄와 마약이 난무하는 도시 이미지에서 독창적인 예술과 문화를 지닌 아름다운 여행지로 리포지셔닝했기 때문이다.

해항도시의 리브랜딩

바다를 접한 도시들에는 공통점이 있다. 내륙도시와 달리 산업구조 재편이 매우 활발하고 성장과 쇠퇴 사이의 골이 매우 깊다는 점이다. 성공과 번영이 강렬했던 만큼 침체와 쇠퇴가 극심한 것이다. 여기에 지정학적 특성으로 다양한 민족이 뒤섞여 산다. 이런 인구구성에는 변화의 수용과 관계의 회복이 빠르다는 장점이 있다. 이런 특성 때문에 해항도시들의 리브랜딩은 기존 가치를 재구성하는 것이 아니라 새로운 가치를 창출하는 방향으로 진행되었다. 그 배후에는 산업구조, 지정학적 위치, 인구구성에 따른 특징들이 복합적으로 작용한다.

앞에서 소개한 해항도시들의 리브랜딩 활동은 도시의 역사, 문화, 산업의 맥락을 유지하면서도 현재 도시에 맞는 새로운 성격을 만들어내면서 성공적으로 도시를 리포지셔닝했다. 포틀랜드의

● '세계디자인수도'는 전 세계 53개국 디자이너 15만 명이 가입되어 있는 국제산업디자인단체협의회(ICSID)와 국제디자인연맹(IDA)이 만든 제도로, 디자인을 통해 경제를 발전시키고 문화를 풍요롭게 해 시민의 삶의 질을 개선하자는 취지로 시작되었다. 2008년 이탈리아 토리노가 처음으로 선정되었고, 2010년에는 우리나라 서울이 선정되었다.

기간산업은 변했지만 고유의 역사적·지리적 특성이 현재 포틀랜드만의 라이프스타일을 형성한 배경으로 스토리텔링되면서 포틀랜드다움을 만들었다. 요코하마는 기존의 해항도시 기능을 활용해 엑스포 개최지 및 문화관광 요충지로서 도시의 역할을 재설정했다.

　　　인천, 부산, 목포 등 우리나라 해항도시들도 도시 리브랜딩이 활발하다. 단순히 슬로건을 교체하거나 어느 도시에나 적용할 만한 브랜드 마케팅 활동을 하기보다는 각 도시의 '다움'을 찾고 발전시키는 리브랜딩 전략이 절실하다.

　　　우리나라는 국토의 삼면이 바다인 데다 북쪽으로는 이동이 사실상 불가능해 섬나라와 특성이 비슷하다. 해안선 길이는 지구 둘레의 3분의 2에 해당하고, 바다 영토는 육지의 4.4배에 달한다. 그렇기 때문에 해안선을 따라 위치한 도시들의 경쟁력이 국가경쟁력을 견인하는 데 매우 중요한 역할을 한다. 내륙도시와 달리 바다에 인접해 있어 풍부한 다양성과 시민들의 큰 포용력, 서해·동해·남해의 바다 특징이 담긴 도시의 독특한 라이프스타일, 각 도시의 지리적 특징에 따른 특별한 교통 환경, 기간산업용으로 세워진 옛 건축물의 역사적·문화적 정체성을 유지하면서도 오늘날 도시에 필요한 기능을 수행하도록 만드는 도시재생 아이디어, 각 도시의 국내외 지정학적인 역할 등을 바탕으로 맥락 있는 도시 브랜딩 활동을 추진해야 한다.

09 지속가능한 도시의 성장 전략

바르셀로나, 아름답게 입어요(Barcelona, posa't guapa)
바르셀로나, 잘해봐요(Barcelona Fem-Ho Be)
　　　　　　　　　　　　　　　　—스페인 바르셀로나

세계로 열린 지속가능 도시(Sustainable City Open to the World)　　　　　　　　　　　　　　　—스웨덴 예테보리

세계를 품은 도시(The World in One City)　—영국 리버풀

　이 슬로건들은 도시의 기간산업이 쇠락하거나 중세 건축물, 구도심의 생활환경이 노후화되면서 도시의 하드웨어와 소프트웨어를 새롭게 함으로써 도시 이미지를 변화시켜야 했던 유럽 각 도시에서 내세운 것이다. 이 도시들은 '지속가능성'이라는 공통점을

가지고 도시를 리브랜딩했다.

바르셀로나에서는 오래된 19세기 건물들을 개선하고 아름답고 살기 좋은 도시를 만들기 위해 시정부를 중심으로 도시 브랜드 캠페인을 추진했다. '바르셀로나, 잘해봐요'는 시민들의 문화의식을 고취시키고 참여를 유도하기 위한 광고 캠페인이었다. '바르셀로나, 아름답게 입어요'는 시 보조금으로 건물의 재건축을 지원하는 사업의 슬로건이었다. 그러면서 그라피티가 여기저기 난무하는 문제를 해결하기 위해 미술관이 밀집한 구역 중 건축이 진행되는 곳의 가림막이나 공터의 담을 거리의 예술가들에게 제공했다. 도시 환경을 어지럽히던 그라피티를 도시 경관 디자인에 적극 활용하여 바르셀로나를 그라피티 중심지가 되도록 한 것이다.

예테보리는 과거의 기간산업이던 조선업이 쇠락하면서 몰락한 도시의 이미지를 미래 차의 중심지로 리브랜딩했다. 예테보리는 안전의 대명사인 볼보(Volvo) 자동차가 탄생한 도시이기도 하다. 리버풀은 가난한 철강도시 이미지를 비틀스(The Beatles)의 고향이라는 점을 이용해 문화예술로 리브랜딩했다.

미국 미시간주의 최대 도시 디트로이트는 미국 3대 자동차 회사의 본사가 몰려 있어 모터 시티(Motor City)로 불리며 미국 자동차 산업의 번영을 주도했다. 1950년에는 인구 185만 명으로 정점을 찍었지만 이후 자동차 산업의 변화와 제너럴 모터스의 파산으로 인구 유출이 지속되며 '파산 도시'라는 꼬리표가 따라다녔다. 2013년에는 인구가 70만 명으로 줄어들며 같은 해 〈포브스〉가 선정한 미국에서 가장 비참한 도시 1위에 오르기도 했다. 이랬던 디트로이트가 미국에서 가장 트렌디한 도시 중 하나로 변화하게 된 데는 도시에 내재되어 있던 아날로그의 잠재력을 끌어올린 것이 큰 역할을 했다. 도시의 역사가 살아 있는 건물과 공간을 철거하기보다는 지역의 문화와 서비스를 담아 관광객을 유치했다. 또한 현대적인 감각이 돋보이는 트렌디한 카페나 레스토랑, 팝업스토어, 호텔과 갤러리 등으로 재탄생시켜 전 세계 힙스터들을 불러 모았다. 버려진 소방서 건물을 개조한 디트로이트 파운데이션 호텔(Detroit Foundation Hotel), 자동차 판매장을 개조한 디트로이트 현대미술관(MOCAD) 등이 대표적이다. '버려진 도시'에서 '아날로그 감성의 도시'로 통하는 디트로이트의 부활은 이제부터가 시작이다.

리브랜딩 전략: 강화·리포지셔닝·재창조

'지속가능성'이라는 단어가 주는 무게감이 날로 커지고 있다. 기업 경영의 화두가 된 지 이미 오래다. 도시도 마찬가지다. 인구소멸의 위기 속에서 살아남기 위해 세계의 도시들은 개발과 보전의 조화를 통해 지속가능성을 추구하고 있다. 도시의 지속가능성을 보장하기 위한 방법으로 도시의 이미지를 변화시키는 리브랜딩이 부상하고 있는 것이다.

브랜드 이미지는 사람들에게 고유한 연상과 감정, 그리고 태도를 형성시킨다. 기업들은 무한경쟁 시대에 저마다 경쟁우위에 서기 위해 이미지를 변경하거나 완전히 새롭게 교체한다. 도시도 마찬가지다. 새로운 거주, 투자, 관광 등을 모색하는 고객의 선택을 받기 위해 새로운 브랜드를 만들거나 기존 브랜드를 리뉴얼하는 등 노력을 기울이고 있다.

남들과 다른 차별적인 경쟁력으로 생존을 넘어 지속가능성을 고민해야 하는 도시의 입장에서 리브랜딩은 도시의 존재를 새롭게 인식시키면서 비교우위의 매력을 만들어내는 과정이다. 또한 도시의 리브랜딩은 기존의 산업적 유산이 남긴 부정적인 이미지를 탈피하는 데 도움이 된다. 주력 산업이 쇠퇴한 도시는 경제적·사회적 박탈감, 노숙자 증대, 각종 범죄와 기물 파손, 무질서, 편의시설 부족 등 다양한 문제에 시달리고 있다. 이때 도시는 기존의 핵심가치가 더 이상 도시 내·외부에서 경쟁력이 없다고 판단되면 이를 대체할 새롭고 경쟁력 있고 지속가능하며 다양한 사람들이 받아들일 수 있는 타당한 가치를 바탕으로 리브랜딩해야 한다.

리브랜딩 전략은 기존 핵심가치를 더욱 굳건하게 하는 강화 전략(reinforcing strategy), 도시에 잠재되어 있는 가치를 핵심가치화하는 리포지셔닝 전략(repositioning strategy), 새로운 핵심가치를 도입하는 재창조 전략(recreation strategy)으로 나눌 수 있다. 도시의 본질적인 가치가 여전히 유효하다면, 도시의 핵심가치를 바꾸기보다는 더욱 강화하고 확대하는 전략을 펼치는 것이 도시를 더욱 경쟁력 있고 매력적으로 만드는 방법이다. 리브랜딩의 세 가지 전략을 좀 더 구체적으로 설명하면 다음과 같다.

+ 강화 전략

강화 전략은 도시가 보유한 자연, 문화적 자원 등 핵심가치를 지속적으로 강화해 기존 고객은 물론 새로운 고객을 유입시키는 전략이다. 도시 브랜드의 핵심가치는 모방할 수 없는 독특하고 차별화된 것이기 때문에 이를 시대적 흐름에 맞게 활용해서 고객들에게 매력을 전달할 수 있어야 한다. 이 같은 브랜드 강화 전략에서 기존의 핵심가치를 확대하려면 미래에도 이 가치가 여전히 차별화되고 지속가능한 것인지에 대한 검증이 선행되어야 한다. 992년 동안 신라의 수도였던 문화유산의 도시 경주, 천혜의 자연환경으로 유네스코 세계자연유산에 등재된 한라산과 용암동굴을 품은 제주 등이 브랜드 강화 전략을 활용하기에 적합한 도시다.

+ 리포지셔닝 전략

리포지셔닝 전략은 도시가 지금까지 표방하고 고객에게 제공해왔던 핵심가치가 경쟁력이 떨어지거나 미래 핵심가치로 매력도가 떨어질 것이 예상될 때 필요한 전략이다. 이때는 그 도시가 잠재적으로 보유하고 있는 가치가 무엇인지를 고민해야 한다. 그리고 이를 새로운 시대적 흐름에 맞춰 개발하고 발전시켜 핵심가치화해야 한다. 도시의 핵심가치를 새롭게 발굴할 때는 목표 고객에게 무엇이 적합한지를 가장 우선적으로 고려해야 한다. 객관적이고 철저한 분석이 중요하다. 영국의 리버풀은 도시의 주력 산업이었던 철강산업이 쇠퇴하면서 문화 중심도시 조성을 목표로 리포지셔닝했고, 미국의 오스틴은 내재되어 있던 잠재가치인 컨트리 뮤직을 발굴해 '동부의 실리콘밸리'에서 '미국에서 가장 라이브한(살 만한) 도시(The Most Livable City in the Country)'로 리포지셔닝했다.

+ 재창조 전략

　　재창조 전략은 기존에 마땅히 자랑할 만한 것도 없고 특별히 잠재된 가치도 없는 상황에서 새로운 가치를 도입하고 개발해 새로운 핵심가치로 발전시키는 도시의 성장 전략이다. 그러나 기존에 마땅한 특징이 없었기 때문에 강화 전략이나 리포지셔닝 전략에 비해 더욱 중장기적인 관점에서 브랜딩 목표와 전략을 세우고 충분한 의견 수렴 과정을 거쳐 핵심가치를 채택해야 한다. 전 세계 곳곳에서 진행되고 있는 다양한 도시 개발 프로젝트의 상당수가 재창조 전략에 해당한다. 대표적으로 '꿈의 도시 건설 프로젝트'로 불리는 사우디아라비아의 네옴시티와 카타르의 루사일 시티, 창조적 행정을 바탕으로 생태도시라는 기적을 일궈낸 브라질의 쿠리치바(Curitiba) 사례가 있다.

지역이기주의를 넘어서

　　지역 현안과 관련해 뉴스에 종종 등장하는 이슈는 바로 '님비(not in my backyard : NIMBY)' 현상이다. 직역하면 '내 뒷마당에는 안 돼'라는 뜻이다. 공공의 이익을 위해 필요하지만, 자신이 속한 지역에 불이익이 되는 일에는 반대하는 이기적 행동을 일컫는 말이다. 쓰레기 소각장, 발달장애인 이용시설 등과 같이 많은 시민들이 꺼리거나 부동산 가격에 영향을 미치는 시설이 자신의 거주지 인근에 들어서는 것을 반대하는 사회적 현상이다.

　　'핌피(please in my front yard : PIMFY)'와 '바나나(build absolutely nothing anywhere near anybody : BANANA)' 현상도 있다. 핌피 현상은 이익이 큰 사업을 자신이

속해 있는 곳에 유치하겠다는 지역이기주의를 뜻한다. 생활편의시설, 고용창출과 지역 인프라 구축 사업, 재산가치 상승이 예상되는 시설 등을 유치하기 위해 지나친 경쟁을 하는 것이 대표적이다.

바나나 현상은 자신이 속한 지역에 어떤 시설물 건립도 반대하는 활동이다. 환경문제에 민감해지면서 유해시설 자체를 강력하게 반대하는 현상인데, 님비보다 더 극단적이고 광범위한 지역이기주의 현상이다.

이런 현상들을 단순히 지역이기주의로 치부하기보다는 더 적극적으로 소통하고 공동의 문제 해결을 위한 협의·조정 기구를 만들거나 공론화를 통해 이해관계의 접점을 찾는 것이 중요하다. 기피시설을 설치하는 장소에 불이익을 해소할 수 있는 혜택을 주거나, 그 지역에 도움이 되는 방향으로 시설을 설치하는 등 합리적인 방안과 정책을 마련해야 한다.

석유비축기지의 변신

서울시 마포구 성산동 매봉산 자락에 위치한 '문화비축기지'는 역발상을 통해 '님비'를 '임비(yes in my backyard: YIMBY)'로 바꾼 대표적 사례다. 과거 '마포석유비축기지'라는 이름으로 불렸던 국가 산업시설을 문화시설로 재탄생시켰다.

1973년 제1차 석유파동이 발생한 뒤 시시각각 변하는 국제정세에 능동적으로 대처하면서 원유를 안정적이고 원활하게 공급하기 위해 국가적 차원에서 5기의 유류 저장탱크를 설치했다. 1976년 6월에 착공한 마포석유비축기지는 2년 뒤인 1978년 4월 완공되었으며, 이곳에 비축할 수 있는 석유는 당시 서울

시민이 한 달 동안 사용할 수 있는 양이었다. 국가 1급 보안시설로 운영되어 시민들이 쉽게 접근할 수 없었던 이 기지는 1979년 한국석유개발공사가 인수해 2000년 12월 폐쇄될 때까지 운영·관리했다.

  2002년 한일 월드컵 개최를 앞두고 1998년 마포구 상암동이 월드컵 주경기장 신축 부지로 최종 결정되면서 석유비축기지를 포함한 상암동 일대는 대규모 도시정비 개발사업 권역에 포함되었다. 국제축구연맹(FIFA) 규정에 따라 월드컵 주경기장 반경 500미터 안에 있는 위험시설은 이전하거나 철거해야만 했다.

  이전이 결정된 뒤 석유비축기지는 1999년 안전문제로 운영이 중단되었다. 그리고 이듬해인 2000년 12월 31일 전면 폐쇄되었고, 2001년부터 2005년까지 임시 주차장으로 활용되었다. 이곳을 사이언스파그, 첨단 텐트극장, 디지털 문화콘텐츠센터, 중소기업 전시 컨벤션센터 등 새로운 공간으로 만들자는 제안이 이어졌지만 최종 선택을 받지 못했다.

  '2030 서울시 도시기본계획'에 따라 상암동 일대를 창조문화산업 육성 계획에 부합하는 영상문화복합단지로 조성(2011년)하거나 미니어처 도시로 조성(2014년)하겠다는 계획도 나왔지만 실행되지 못했다. 이런 와중에 서울시는 2012년 '리우+20 기후회의'에서 기존 석유시설을 친환경교육시설로 재생한 사례를 거울삼아 2013년 석유비축기지를 재생사업 대상지로 선정했다. 이후 시울연구원에서 〈마포석유비축기지 활용방안 및 마스터플랜 수립용역 2014〉 연구보고서를 발표했다.

석유비축기지 활용 방안을 모색하는 과정에서 시민참여를 이끌어내기 위해 서울시에서는 시민 아이디어 공모전, 공개 토론회, 현장 설명회 등 공론화를 통해 시민 공감대를 만들어내고자 했다. 2014년 국제 현상설계● 공모전을 통해 '땅으로부터 읽어낸 시간' 설계안이 당선되었고, 민간 전문가로 구성된 설계자문위원회를 조직해 사업 방향을 잡아나갔다.

이어 연구형 워킹그룹, 탐험단 등이 조직되었고 시민참여 중심의 협치 모델이 등장했다. 이런 과정을 거치면서 마포석유비축기지는 2018년 10월 '문화비축기지'라는 이름으로 새롭게 탄생했다. 석유비축기지의 석유탱크 시설은 다양한 문화공간으로 바뀌었다. 폐쇄된 지 18년 만에 서울의 대표적인 도시공원으로 거듭난 것이다.

문화비축기지 공원은 시민 스스로 공간을 기획하는 커뮤니티 파크로 기획되었다. 공공이 제공하는 단편적인 서비스를 넘어서 시민들이 능동적으로 상호소통하며 생태친화적인 생활을 서로 협력하는 창조적 공유지로 만든다는 취지다. 프로그램은 전문가 중심이 아닌 시민이 주체가 되어 직접 작품을 제작하고 기획하는 것을 목표로 삼았다.

문화비축기지 조성과 운영 과정은 민간과 공공이

● 설계경기라고도 한다. 경쟁을 통해서 설계안을 결정하기 위해 국제 건축 분야 전문가들의 제안을 모집하는 방식이다. 우수한 설계안과 성공적인 프로젝트 수행 능력을 갖춘 건축가를 찾는 것이 목적이며, 일반적으로 중요 공공건축물이나 기념비적 구조물 등을 조성할 때 실시한다. 2014년 서울시 도시계획국 공공개발센터는 운영위원회를 조직하고 '국제 현상설계 공모 시행계획—마포석유비축기지 활용방안'을 발표했다.

문화비축기지, 서울 © 오마이뉴스 성낙선

협력하는 구조로 이뤄졌다. 이를 통해 공공공간을
바라보는 새로운 관점과 자발적인 시민참여의 가능성을
재발견했다. 온전히 민간 자율로 운영되는 모델에까지는
도달하지 못했지만, 시민의 의견을 수용하기 위한
노력이 돋보였다. 도시공원을 만드는 과정에서
시민참여와 커뮤니티 활성화를 지향한 첫 시도였다.

유휴공간의 재발견 '젊은달와이파크'

'유휴(遊休)'는 쓰지 않고 놀린다는 뜻이다.
유휴공간은 사용할 수 있지만 사용하지 않는 빈 곳을
말한다. 도시에 유휴공간이 늘어나고 있는 원인을
파악하려면, 도시 근대화 과정을 살펴봐야 한다.

과학기술의 발달에 따라 산업기반 사회에서
정보중심 사회로 이동했다. 이 과정에서 많은 공장이
문을 닫았다. 발전소, 조선소, 공장, 탄광 등의 기능은
쇠퇴했지만 건물은 그대로 남았다. 도시집중화 현상으로
지방의 인구가 줄어들면서 학교도 상당수 문을 닫았다.
인구 감소, 산업구조 변화에 따른 공간 폐쇄, 신도시
개발에 따른 원도심 공동화, 정부 행정구역 개편에 따른
부지 이전, 개발 규제에 따른 건물 방치 등으로 인해
도시의 유휴공간이 늘어났다.

유휴공간은 주변 상황이 변화되면서 더 이상
본래의 기능을 수행하지 못해 별다른 용도 없이
방치되어 있는 상태다. 그렇다고 이 공간이 쓸모없는
것은 아니다. 잘 활용한다면 공간의 장소성과 지역의
정체성을 살려 과거와 현재, 그리고 미래를 잇는
역사적·상징적 의미를 지닌 소중한 자원으로 활용할
수 있다. 최근에는 창의적이고 혁신적으로 재탄생한

유휴공간이 재평가되면서 그 잠재가치가 부각되고 있다.
영월의 복합문화공간 '젊은달와이파크'도 유휴공간을 활용해 만들었다. 영월의 발음을 따서 '젊은(Young) 달(月)'이라는 의미로 붙인 이름인데, '영월 Y파크'라고 부르기도 한다.

강원도 남쪽에 위치한 영월은 산업구조의 변화를 맞으며 인구가 줄어들었다. 그러면서 활기를 잃어갔고 도시 곳곳에 빈 공간이 늘어났다. 영월에서는 이를 타개하기 위해 다양한 프로젝트를 시도했다. 우선 폐광으로 문을 닫은 학교에 사립 박물관을 유치했다. 또 미술, 자연사, 사진, 근대문화유산 등 다양한 분야의 공립 박물관을 조성하는 '박물관고을 육성사업'을 추진했다. 현재 영월에는 약 22곳의 크고 작은 박물관이 있다. 2005년 정부로부터 농촌신활력플러스 사업비를 지원받아 박물관 도시의 초석을 다졌다. 현재는 지역의 문화자원을 바탕으로 문화도시에 도전하고 있다. 박물관고을 육성사업을 통해 지역의 고유한 브랜드 가치를 만들어낸 영월은 2008년 12월 지식경제부(현 산업통상자원부)로부터 국내 유일의 '박물관고을 특구'로 지정받았다.

영월군 주천면에서는 조선 중기 인문지리서인 《신증동국여지승람》에 기록된 '주천(酒泉)'이라는 지명 유래를 바탕으로 2009년부터 2014년까지 1단계로 술샘박물관 건립을 진행했다. 2013년부터 2016년까지는 2단계로 술샘마을 주막거리 조성 사업이 이뤄졌다. 술샘박물관과 술샘마을 주막거리 활성화 사업은 민간사업지기 위탁받아 문화 재생사업을 이어나갔다. 이것이 2017년부터 2019년까지 진행된 '영월 젊은달와이파크 사업'이다.

영월군 주천면 주천리에는 식당을 하기 위해 새로 지은 건물이 있었는데, 이곳이 2019년 복합문화공간 '젊은달와이파크'로 변신했다. 3022제곱미터 규모의 대지에는 영월 젊은달와이파크 재생건축 및 디자인 책임자이기도 한 최옥영 작가의 〈붉은 대나무〉와 〈바람의 길〉이라는 대형 대지 미술작품이 랜드마크 역할을 하고 있으며, '붉은 파빌리온 I', '붉은 파빌리온 II'가 젊은달미술관 I과 젊은달미술관 II, III을 연결하고 있다. 미술관에는 〈실과 소금의 이야기〉(최정윤), 〈사임당이 걷던 길〉(그레이스박) 등 현대미술 작품을 전시했다.

'영월 Y파크' 프로젝트는 최옥영 대지미술가가 총괄 기획을 맡고 박신정, 최정윤, 이선주 작가 등이 참여했다. 식당을 미술관으로 재생하기 위해 천장을 철거하고 창문을 폐쇄했다. 공사 과정에서 발생한 유휴 건축자재는 '재생'을 주제로 한 다양한 설치미술 작품으로 재탄생했다. 2019년 6월 문을 연 '영월 Y파크'는 코로나 팬데믹 상황에서도 1년에 5만여 명의 방문객이 찾는 영월군의 대표적인 관광명소가 되었다.

도시 리브랜딩의 성공 전략

도시를 리브랜딩하려면 현상에 대한 진단이 필수적이다. 도시의 실체를 파악하고, 어떤 정체성으로 소통해왔는지 점검하고, 지금까지의 브랜딩 활동이 브랜드 정체성에 부합하는 이미지를 만들어냈는지 진단해야 한다. 객관적이고 철저한 분석을 바탕으로 리브랜딩 전략을 수립하고, 그 목적에 맞게 활동을

최영욱 작가의 '붉은 파빌리온 II', 쥘든달와이파크, 영월 © Haslla1441, Wikimedia Commons

설계해야 한다.

도시 브랜드에 도시의 핵심가치가 잘 반영되어 있고 브랜드 마케팅 방향도 잘 수립되어 있다면 브랜드를 강화하는 전략을 사용할 수 있다. 그러나 도시의 산업구조나 발전 방향이 바뀌거나, 도시 브랜드가 시대의 흐름과 맞지 않는다면 도시 브랜드를 새롭게 만들어야 한다.

도시의 이미지를 바꾸는 것은 새로 창조하는 것보다 더 어려울 때가 많다. 그래서 도시 브랜딩 활동은 매우 신중하게 기획해서 실행해야 한다. 브랜드의 어원이 낙인에서 왔다는 점을 다시 생각해보자. 한번 찍은 낙인은 쉽게 지울 수 없다.

10 문화도시의 탄생

미국 시애틀은 세계 최대 커피 전문점 스타벅스(Starbucks)가 탄생한 도시다. 스타벅스라는 이름은 소설 《모비딕(Moby-Dick)》의 등장인물 스타벅(Starbuck)에게서 따왔다. 이 소설에서 스타벅은 커피를 매우 사랑한 일등항해사로 나온다. 샌프란시스코대학 동창이자 커피 애호가였던 고든 보커(Gordon Bowker), 제리 볼드윈(Jerry Baldwin), 제브 시글(Zev Siegl)은 1971년 시애틀 파이크 플레이스 마켓에 '스타벅스 커피, 티 앤드 스파이스(Starbucks Coffee, Tea and Spice)'라는 이름으로 커피 전문점을 열었다.

항구 근처에 위치해 어부들이 바다 일을 나가기 전에 커피 한잔을 마시던 곳이었는데, 스타벅스의 로고에 바다의 신으로 불리는 '세이렌(Siren)'이 그려져 있는 것도 이 때문이다. 달콤하고 아름다운 노랫소리로 지나가는 배의 선원들을 매혹하여 바다에 몸을 던져 죽게 했다고 전하는 세이렌처럼 스타벅스 커피는 매력적이라는 메시지를 담고 있다. 미국에서 가장 많은 카페인을 소비하는 도시 시애틀은 스타벅스뿐만 아니라 코스트코, 아마존, 마이크로소프트 등 세계적인 기업들이 탄생한 곳이기도 하다.

컬처노믹스 시대의 문화도시

세계적인 도시경제학자 리처드 플로리다(Richard Florida)는 《도시와 창조 계급(Cities and the Creative Class)》이라는 책에서 개방성과 창의성을 지닌 인재가 선호하는 문화를 가진 도시, 즉 창조산업을 만드는 새로운 창조 계급의 비중이 큰 도시가 성장 가능성이 높다고 말했다. 그는 역사적으로 배타적이고 긴밀히 연계된 공동체는 소속감과 결속력을 강화시키는 반면, 새로운 참여자를 막고 혁신을 지체시킬 수 있음을 지적했다.

플로리다의 지적을 현대 도시에 적용해보면, 새로운 성장을 위해서는 새로운 참여자에 대한 개방과 관용을 바탕으로 다양한 문화를 받아들이는 도시 역동성이 필요하다. 창조적 힘을 가진 문화도시는 기존의 사회적 자본에만 기대는 것이 아니라, 외부의 창조인재를 도시에 유치하는 '개방성', 그들이 도시에 정착할 수 있게 해주는 시민들의 '포용성', 도시와 지속적으로 관계를 맺는 안팎의 다양한 인재를 확보하는 '확장성'을 바탕으로 무한한 문화적 가능성을 보여주며 성장하는 도시다.

'문화산업'이라는 용어는 독일의 철학자

호르크하이머(Max Horkheimer)와 아도르노(Theodor Adorno)가《계몽의 변증법(Dialektik der Aufklärung)》이라는 책에서 처음으로 사용했다. 말 그대로 산업이 되어버린 문화를 뜻한다. 표준화된 생산방식으로 제조되고 소비되는 제품처럼 음악이나 영화와 같은 문화도 규격화되고 표준화된 형식으로 만들어지고 소비되는 것을 의미한다. 시장경제의 논리에 따라 문화도 공산품처럼 만들어지는 것을 비판하면서 생겨난 개념이기도 하다.

21세기에는 산업생산에서 문화생산으로 정책적 패러다임이 전환되면서 문화산업이 국가와 도시 경쟁력에 미치는 영향과 경제적 중요성이 더욱 커졌다. 현대의 문화산업은 문화와 경제, 기술이 융합되는 과정에서 생성된 유·무형 문화상품의 생산·유통·소비와 관련된 산업을 뜻한다. 현대사회에서 이런 문화산업은 국가의 산업과 경제에 막대한 영향을 미치는 신성장동력으로 주목받고 있다.

페테르 두엘룬(Peter Duelund) 덴마크 코펜하겐대 교수는 '컬처노믹스(culturenomics)'라는 용어를 처음으로 사용했다. 경제적으로 경쟁력 있는 국가와 도시를 만들기 위해서는 문화를 적극적으로 활용해야 한다는 의미다.

문화와 경제의 융합은 도시 브랜딩에서도 그 중요성이 높아지고 있다. 그 이유는 우선 문화와 예술 등 창조산업이 도시경제를 살리는 중요한 자원이라는 인식이 확산되고 있기 때문이다. 또한 시민의 문화예술 활동 참여를 통해 도시의 사회적 자본이 만들어지고, 이를 바탕으로 새로운 사회문화 활동을 만들어내는 선순환이 시민들의 공동체 의식을 강화하기 때문이다. 토목공사 위주의 재생이 아닌 다양한 문화가 공존하는 공동체 도시를 지향한다는 점에서도 의미가 크다. 획일적 도시개발에서 벗어나 문화 다양성을 추구하면서 도시의 자생력과 경쟁력을 키운다는 장점도 있다. 마지막으로 도시 간 경쟁을 넘어 도시의 문화 다양성을 바탕으로 네트워크를 형성해 국가 경쟁력에 이바지할 수 있다.

    미국의 철학자이자 문명비평가 루이스 멈퍼드(Lewis Mumford)는 기계생산이 독창적인 예술을 대신한다고 비판하면서 도시를 독립적인 문화를 만들어내는 지역이라는 의미로 재정의했다.

    이 같은 관점에서 21세기 들어 세계적으로 주목받고 있는 문화도시의 사례를 살펴보면, 문화와 예술이 도시 브랜딩의 큰 축을 이루고 있음을 알 수 있다. 문화예술을 도시의 차별적 경쟁력으로 삼고 있으며, 도시의 지속적인 경제성장을 위해 문화 인프라를 구축하고 있다.

문화예술로 도시를 브랜딩하다

    국가 간의 경쟁을 넘어 도시 간의 경쟁 시대를 살고 있다. 전 세계 도시들은 고유한 문화자원을 브랜드의 핵심요소로 활용하고, 도시 간 문화 네트워크를 구축해 도시의 경쟁력이 국가 경쟁력과 대륙 경쟁력을 강화하는 선순환 구조를 만들려고 애쓰고 있다.

    유럽의 공업도시들이 문화예술을 통해 도시 브랜딩에 성공하면서 각 나라들은 '문화도시' 전략에 주목했다. 대표적인 사례가 바로 '유럽문화수도 프로그램'이다. 이 프로그램은 1983년 그리스 문화부 장관 멜리나 메르쿠리(Melina Mercouri)가 '유럽연합에 관한 선언(Solemn Declaration of European Union)'의 실천방안 가운데 하나로 제안하면서 시작되었다. 이후 프랑스 문화부 장관 자크 랑(Jack Lang)에 의해 '유럽문화도시(European City of Culture)'라는 이름으로 자리를 잡았다.

이 프로그램은 유럽 시민들이 서로의 문화를 공유하고 이해의 폭을 넓혀 협력과 연대를 강화하자는 취지로 만들어졌다. 결과적으로 이 프로그램은 2003년 유럽연합의 국내총생산(GDP)이 2.6퍼센트 상승하는 데 크게 이바지했다. 문화예술을 바탕으로 한 도시 브랜딩이 도시의 경제적 발전에 도움이 된다는 사실을 증명한 것이다.

'아랍 문화수도'(1996), '아메리카 문화수도'(2000), '유네스코 창의도시네트워크'(2004), 한·중·일 3국의 '동아시아 문화도시'(2014)가 순차적으로 등장했다. 특히 세계의 도시 중에서 문학, 음악, 민속공예, 디자인, 영화, 미디어, 음식 등 총 7개 분야에서 뛰어난 창의성을 바탕으로 인류문화 발전에 기여하는 도시를 심사 및 선정하는 '유네스코 창의도시네트워크'는 도시 브랜딩에서 문화예술이 중요한 위치를 차지하는 계기가 되었다.

우리나라도 문화도시 조성 사업에 주목하고 있다. 문화자산을 기반으로 지역 고유의 도시문화 환경을 조성하고, 이를 바탕으로 새로운 도시 브랜드를 만들어낼 수 있도록 중앙정부가 예산을 지원한다.

도시의 문화적 발전과 지역공동체 회복을 위해 도시의 주체들이 스스로 문화적 가치를 찾아내는 것을 사업 목표로 삼았다. 따라서 시민들이 직접 문화도시 선정 과정에 참여할 수 있도록 기획되었다.

　문화체육관광부는 '모든 도시는 특별하다'는 모토 아래 2019년부터 매년 전국 5~7곳을 문화도시로 지정하고 있다. 2022년 12월 선정된 제4차 문화도시는 고창군, 달성군, 영월군, 울산광역시, 의정부시, 칠곡군 등 6곳이다. 이 제도는 문화예술, 문화산업, 관광, 전통, 역사 등 지역의 차별화된 문화자원을 활용해 지역의 문화 창조력을 높이기 위해 시작되었다. 지역의 고유한 문화자원을 바탕으로 차별화된 경쟁력을 가진 도시 브랜드를 만들어내고, 문화도시와 인근 도시 간의 교류를 강화해 문화를 통한 지역 발전뿐만 아니라 대한민국의 문화 경쟁력 강화를 목적으로 한다.

　문화도시 정책은 시민 누구나 문화를 누릴 수 있는 환경을 만들고, 문화를 통해 도시발전의 전환점을 만드는 것이다. 도시의 고유한 문화자원을 발굴하고, 이를 활용해 차별적인 도시발전 전략을 수립함으로써 지속가능한 발전으로 이어져야 한다. 지역과 지역, 기관과 기관의 협력을 통해서 문화를 함께 향유하며 문화 균형발전과 지역문화 동반성장을 이뤄내는 것이다. 따라서 도시들 간에 문화자원을 연계·공유하면서 문화를 중심으로 각 지역의 특화된 사업모델로 발전시키는 것이 중요하다.

　지속가능한 발전이 중요하기 때문에 일회성 행사나 대규모 시설 등 하드웨어에 주력하기보다는 문화 콘텐츠 등 소프트웨어, 전문가-지역주민-행정의

휴먼웨어 네트워크, 지역문화 전문가 양성, 주민-문화예술인-청년-기업-대학 간의 파트너십 등을 통한 도시의 문화생태계 조성에 힘을 쏟아야 한다. 창조산업은 도시경제를 살리는 중요한 자원이다. 각 부처의 사업에 문화를 연계해 지역경제를 살리는 방안을 찾도록 노력해야 한다.

도시재생, 문화도시, 도시 리브랜딩

제2차 세계대전 이후 파괴된 국가 인프라를 정비하고 경제발전을 이루기 위해 각 나라는 도시개발에 각별한 관심을 기울였다. 초기에는 주택 건설, 교통망 개선 등 도시 기반시설(SOC)을 만드는 데 주력했다. 우리나라도 도시의 외형을 확장하는 개발을 추진했다. 그러나 2004년 국가균형발전위원회에서 추진한 '살고 싶은 지역 만들기' 사업은 하드웨어 개발에서 벗어나 지역의 삶을 질적으로 개선하자는 움직임이었다.

2010년대 초반 국토교통부에서는 도시재생 사업을, 문화체육관광부에서는 문화도시 사업을 추진했다. 두 사업은 큰 틀에서 보면 같은 목표와 지향을 가진 하나의 사업으로도 볼 수 있다. 소프트웨어를 기반으로 도시를 재생하고, 지속가능한 도시생태계를 만들어 성장과 발전의 기반을 다지는 일이다. 도시의 차별화된 경쟁력을 높여내기 위한 도시 리브랜딩 활동이라고 할 수 있다.

2022년까지 시행된 해양수산부의 '어촌뉴딜300' 사업은 300곳의 어촌마을을 선정해 어촌·어항 기반시설을 현대화하는 개선사업으로, 하드웨어 재생을 우선적으로 지원했다. 그러나 하드웨어

재생만으로는 인구소멸 문제에 대한 대안을 마련하고, 지속가능한 지역 발전을 담보하기에 역부족이었다. 이에 해양수산부는 2023년부터 어촌 뉴딜사업의 후속으로 '신활력증진사업'을 시행하고 있다. 하드웨어 개발을 최소화하는 대신 소프트웨어와 휴먼웨어 관점의 사업에 집중하자는 취지다.

국토교통부, 해양수산부, 문화체육관광부는 2023년 '관광섬' 사업을 시작했다. 삼면이 바다로 둘러싸인 우리나라는 인도네시아, 필리핀, 일본에 이어 세계에서 네 번째로 섬이 많은 나라다. 행정안전부와 지방자치단체의 발표에 따르면 우리나라의 섬은 약 4200개에 달한다. '관광섬' 사업은 차별화된 전략으로 각 섬을 리브랜딩하고, 섬들을 연계해 국가의 관광 경쟁력을 높이자는 취지다. 앞으로 풀어내야 할 숙제는 많지만 여러 부처가 협력해 사업 모델을 만든 것은 바람직한 일이다.

국토교통부의 토지계획, 해양수산부의 해양자원, 문화체육관광부의 문화·관광이라는 관점에서 제각각 접근하는 게 아니라 통합적인 관점에서 하나의 정책을 추진한다는 점에서 '관광섬'은 전략적이고 효율적인 사업 모델이다. 각각의 섬만 브랜딩하는 것이 아니라 '관광섬'이라는 큰 틀 아래 네트워크를 만들어 섬 관광에 특화된 국가 관광 모델을 만들겠다는 방향성도 관심 있게 지켜봐야 할 대목이다.

도시를 리브랜딩할 때는 그 도시 하나만 바라보는 것이 아니라 도시들 간의 연결·협력을 통해 동반성장의 길을 모색하는 것이 바람직하다. 차별적인 경쟁력은 상대 도시보다 비교우위를 갖고 있다는 것이다. 이는 상대방을 깎아내리는 것이 아니라 나를 높여내면서 만드는 가치다. 이런 가치들이 모이면 또 다른 새로운, 더 큰 가치를 만들어내는 시너지 효과를 낳을 수 있다.

11 음악의 도시

여수 밤바다 이 조명에 담긴
아름다운 얘기가 있어
네게 들려주고파
전활 걸어 뭐하고 있냐고
나는 지금 여수 밤바다 여수 밤바다

버스커 버스커의 '여수 밤바다'는 여수에 가면 으레 사람들이 이어폰이나 자동차 스피커로 볼륨을 높이며 듣는 노래다. 전남 여수가 해양관광 휴양도시라는 이미지와 함께 지명도가 높아진 것은 여수 밤바다에 '낭만'이라는 스토리를 입혔기 때문이다. 이 노래를 들으며 해안선을 따라 바라보는 여수 도심의 야경은 낭만과 황홀함 그 자체다. 음악이 도시 브랜딩에 큰 영향을 미친 대표적인 사례다.

'여수 밤바다'(버스커 버스커), '부산에 가면'(슈퍼주니어), '제주도의 푸른 밤'(태연 리메이크), 'Seoul'(볼빨간사춘기), '강남스타일'(싸이), '서울의 잠 못 이루는 밤'(10CM), '혜화동 (혹은 쌍문동)'(박보람 리메이크)처럼 노래 제목에 지역 이름이 들어가면 왠지 모르게 그 지역이 친근해진다.

가사에 담긴 지역의 감성은 독특하고 개성 있는 그 지역만의 스토리텔링을 만들어낸다. 드라마 〈응답하라 1988〉 사운드트랙에 담긴 '혜화동 (혹은 쌍문동)'은 드라마의 시대적 배경과 스토리까지 더해져 그 시절에 젊음을 보낸 세대에게는 향수를 불러일으켰고 MZ세대에게는 레트로 감성을 전달하며 인기를 끌었다.

'예술가 마을' 몽트뢰와 브베

노래에 등장하는 지역명이나 뮤직비디오의 배경이 된 곳뿐만 아니라 가수나 연주자가 유명해지면서 출신 지역에 대한 관심이 높아진 사례도 있다. 많은 사람들이 유명하거나 좋아하는 예술가가 태어난 곳을 직접 찾아가 그 지역의 역사와 문화를 체험하며 즐긴다. 유명한 예술가와 깊은 인연이 있는 지역이 관광지로 사랑받게 되는 것이다.

스위스 몽트뢰(Montreux)는 인구 2만 명의 작은 휴양도시다. 해마다 7월이 되면 수많은 관광객이 이곳을 찾는다. 유럽의 대표적인 음악축제인 '몽트뢰 재즈 페스티벌'이 열리기 때문이다. 이들이 몽트뢰를 찾는 또 다른 이유는 영국의 전설적인 록 밴드 '퀸(Queen)'의 리드 싱어 프레디 머큐리(Freddie Mercury)의 발자취를 느껴보기 위해서다.

노래와 영화 모두 큰 사랑을 받은 〈보헤미안 랩소디(Bohemian Rhapsody)〉(2018)의 주인공 머큐리는 몽트뢰를 제2의 고향으로 삼았다. 늘 주변 사람들에게 "마음의 평화를 얻으려면 몽트뢰로 가라"고 말할 정도였다. 1978년부터 머큐리는 몽트뢰에서 음악 활동을 했다. 머큐리가 세상을 떠난 뒤 만들어진 퀸의 마지막 앨범 〈메이드 인 헤븐(Made in Heaven)〉의 재킷 사진도 몽트뢰 레만 호숫가에 세워진 머큐리의 동상을 배경으로 하고 있다.

몽트뢰는 머큐리뿐만 아니라 많은 예술가의 사랑을 받았다. 장 자크 루소의 연애소설 《신 엘로이즈(La Nouvelle Héloïse)》와 어니스트 헤밍웨이의 소설 《무기여 잘 있거라》의 배경도 몽트뢰다. 러시아 출신 작곡가 스트라빈스키가 '봄의 제전', '페트루시카'를 만든 곳도 몽트뢰다. 몽트뢰는 예술가들에게 영감을 불어넣었고, 그 예술가들의 팬에게도 사랑받는 도시가 되었다.

몽트뢰에서 가까운 브베(Vevey)에도 천재적인 예술가의 체취가 남아 있다. 이름 자체가 전설인 찰리 채플린(Charlie Chaplin)의 상처받은 영혼을 감싸준 도시가 바로 브베다. 영국에서 태어나 주로 미국에서 활동했던 채플린은 매카시즘 광풍에 공산주의자로 몰려 강제 추방되었다. 1953년 가족과 함께 스위스로 건너온 채플린은 1977년 12월 25일 세상을 떠날 때까지 브베에서 인생 후반기를 보냈다.

채플린과 아내 우나 오닐(극작가 유진 오닐의 딸)은 브베 서쪽 외곽의 코르시에 묘지에 잠들어 있다. 브베에 세워진 채플린의 동상은 소박하다. 트레이드마크인

콧수염과 중절모에 연미복 차림은 한눈에 봐도 채플린이라는 것을 알 수 있다. 무표정한 그의 모습이 보는 이들을 애잔하게 만든다. 채플린 한 사람만으로도 브베는 많은 이들이 기억하고 찾아오는 도시가 되었다.

  이처럼 음악과 예술가들을 통해 지역의 이미지가 좋아지면, 자연스럽게 사람들의 발길이 계속 이어진다. 관광객과 관광 수입이 안정적으로 늘어나면 지속가능한 지역경제 활성화에 큰 보탬이 된다. 이렇듯 음악과 예술가들은 쇠락한 동네, 주목받지 못하는 작은 도시에까지 새로운 가치를 불어넣는 힘을 가지고 있다. 음악은 도시 브랜딩의 강력한 구성요소 가운데 하나다.

리버풀을 되살린 '비틀스'

  리버풀(Liverpool)은 산업혁명 시기에 도시가 확장되면서 영국의 핵심 외항(外港)이자 세계적인 항구도시로 떠올랐다. 19세기 말에는 전 세계 물류의 40퍼센트가 통과하는 무역항이 되었다. 리버풀맨체스터 운하가 완성되고, 최초의 도시 간 철도인 리버풀맨체스터 철도가 개통되면서 리버풀은 교통의 중심지로 자리매김했다.

  그러나 20세기에 들어서면서 산업구조가 급격하게 변화하고, 제2차 세계대전 때 집중 폭격을 받으면서 리버풀은 쇠락한 항구도시로 전락했다. 화려했던 영국의 산업도시 리버풀은 사람들이 하나둘 떠나버리면서 텅 빈 도시가 되어갔다.

  생명을 다한 것 같았던 리버풀에 다시금 숨을 불어넣어준 것은 전설적인 록 밴드 '비틀스(The Beatles)'였다. 비틀스를 매개로 음악산업을 새로운

비틀스 동상, 리버풀

성장 동력으로 삼은 리버풀은 '머지비트(Merseybeat)'의 중심지로 자리 잡았다. 머지비트는 1960년대 초반에 생겨난 로큰롤 계열의 사운드로 영국 머지강 어귀에 있는 리버풀 밴드들의 음악 스타일을 말한다.

　　비틀스의 발자취가 남아 있는 장소들을 복원하고, 도시 곳곳에 비틀스의 스토리를 입힌 리버풀은 '비틀스 투어'를 통해 전 세계 비틀스 팬들의 성지순례 장소로 각인되었다. 이 관광상품을 통해 연간 400만 명 이상이 리버풀을 방문한다.

　　비틀스 말고도 리버풀은 '매슈 스트리트 페스티벌(Mathew Street Festival)'로도 유명하다. 1993년부터 시작된 이 음악축제에는 해마다 90개가 넘는 밴드가 참여하고 30만 명 이상이 모여든다.

　　리버풀은 수변재생(waterfront regeneration)(항만과 주변 지역의 활성화를 모색하는 도시재생)을 통한 도시재생으로 낡은 도시를 문화산업 공간으로 거듭나게 만들었다. 이런 노력으로 2008년에는 '유럽문화수도'로 선정되었다. 쇠락한 항구도시였던 리버풀은 이제 매년 1500만 명 이상이 방문하는 문화·관광도시로 거듭났다.

체코보다 유명한 '프라하의 봄'

　　체코(옛 체코슬로바키아)의 수도 프라하(Prague)는 전 세계 관광객을 블랙홀처럼 끌어당기는 매력적인 도시다. 프라하의 저력은 대단하다. 한 도시를 넘어 국가의 경제까지 책임지는, 국가 브랜드 가치를 넘어서는 그야말로 세계도시다. 세계문화유산으로 지정된 프라하는 도시 전체가 중세의 모습을 간직하고 있다. 문화예술 도시의 아우라가 가득하다.

뉴욕의 'I♥NY', 암스테르담의 'I amsterdam', 베를린의 'be Berlin', 인천의 'all ways INCHEON' 등은 도시의 이미지를 만들기 위해 도시 브랜드 슬로건을 개발한 사례다. 반면 프라하는 도시 브랜드 슬로건을 별도로 개발하거나 디자인하지 않았다. 1968년 '프라하의 봄(Prague Spring)'이라는 역사적 사건, 보도·표현·이동의 자유 제한을 폐지하고 시민의 자유를 보장하는 개혁을 위해 비폭력 시위를 했던 민주화 정신을 계승하는 방식으로 암흑의 시대를 이기고 새로운 희망을 추구하는 도시 이미지를 만들었다.

'프라하의 봄'에는 두 가지 의미가 담겨 있다. 우선 1968년 자유민주화 운동이다. '프라하의 봄'은 1968년 1월 체코슬로바키아의 총리가 된 둡체크(Alexander Dubček)가 언론·출판·집회의 자유를 선포하며 시작되었다. 하지만 그해 8월 프라하로 진군한 소련군의 발포 명령과 진압으로 프라하 시민들의 비폭력 저항운동은 좌절되었다. 1988년 옛 소련의 지배력이 약화되자 프라하의 민주화 운동은 다시 불붙었다. 이듬해인 1989년 바츨라프 하벨(Václav Havel)이 초대 체코 대통령에 당선되면서 프라하는 진정한 봄을 맞았다.

또 다른 의미는 매년 5, 6월에 열리는 음악축제이다. 프라하는 '프라하의 봄'을 도시 브랜드 이미지로 만들기 위해 '체코 음악의 아버지' 베드르지흐 스메타나(Bedřich Smetana, 1824~1884)가 세상을 떠난 날인 5월 12일부터 4주 동안 '프라하의 봄, 음악축제'를 해마다 열고 있다. 스메타나는 국민악파를 대표하는 인물로 정부의 탄압 속에서도 적극적으로 민족운동에

프라하 © 김진석

참여했다.

스메타나는 프라하에서 혁명운동에 가담했다가 실패하자 한때 스웨덴으로 망명했다. 그 시기에 결핵을 앓던 아내를 잃었다. 지속적인 정부의 탄압으로 어려움을 겪다가 환청에 시달렸고 급기야 청력을 상실했다. 갖은 역경 속에서도 그는 최고의 작품으로 꼽히는 '나의 조국(Má vlast)'(1872~1879)을 작곡했다. 조국의 과거와 산하의 아름다움을 표현한 이 작품은 6개의 곡으로 구성된 교향시(symphonic poem)다. 스메타나는 1884년 정신병원에서 사망한다. 조국에 대한 그의 사랑을 기리는 이 음악축제는 항상 '나의 조국'으로 시작해 베토벤의 '합창'으로 끝난다.

오스트리아에는 세계적인 음악도시가 두 곳이나 있다. 하나는 모차르트가 태어나고 자란 잘츠부르크(Salzburg)이고, 또 하나는 모차르트의 주요 활동 무대였던 빈(Wien)이다.

모차르트의 도시 잘츠부르크에서 열리는 '잘츠부르크 페스티벌(Salzburg Festival)'은 매년 7월 말부터 8월 말까지 열리는 세계 최고의 음악축제 가운데 하나다. 잘츠부르크 페스티벌은 1920년 호프만스탈(Hugo von Hofmannsthal)의 연극 〈예더만(Jedermann)〉을 개막작으로 무대에 올리면서 처음 시작되었다. 이후 브루노 발터(Bruno Walter), 아르투로 토스카니니(Arturo Toscanini), 헤르베르트 폰 카라얀(Herbert von Karajan)과 같은 세기의 지휘자들이 축제를 주도하면서 세계 최고의 음악축제로 자리매김했다.

이 밖에도 1월 국제 모차르트 주간, 3월 잘츠부르크 부활절 음악제, 8월 헬브룬 축제, 10월 잘츠부르크 문화의 날과 잘츠부르크 가을 재즈 축제, 12월 잘츠부르크 대림절 음악제까지 잘츠부르크는 일년 내내 음악이 울려 퍼지는 도시다.

체코의 프라하, 오스트리아의 잘츠부르크와 빈이 클래식 음악으로 도시 브랜딩을 했다면, 록과 인디 음악으로 브랜딩한 도시도 있다. 바로 미국 캘리포니아주 인디오의 '코첼라(Coachella) 페스티벌'이다. 1999년에 시작된 이 페스티벌의 정식 명칭은 '코첼라 밸리 뮤직 앤드 아츠 페스티벌(Coachella Valley Music and Arts Festival)'. 사막지대인 코첼라 밸리에서 열리는 미국의 대표적인 이 음악축제에는 해마다 가장 핫한 팝스타와 영향력 있는 뮤지션들이 참여해 뜨거운 반응을 얻고 있다. 록, 인디, 힙합, 일렉트로닉 등 다양한 음악을 만날 수 있으며, 매끄러운 진행과 사막 축제라는 차별성, 흥미로운 라인업, 비주얼 아트, 패션 등으로 세계적인 팬덤을 형성하고 있다.

'사우스 바이 사우스웨스트(South by Southwest: SXSW)'는 매년 3월 미국 텍사스주 오스틴에서 열리는 음악축제다. 세계적인 영화감독 앨프리드 히치콕(Alfred Hitchcock)의 영화 〈북북서로 진로를 돌려라(North by Northwest)〉(1959)에서 착안해 이름을 붙였다.

SXSW는 1987년 오스틴의 지역 음악축제로 시작했지만 점점 규모가 커져서 지금은 90개가 넘는 공연장에서 약 50개국의 뮤지션 2000여 팀에 음악 관계자 2만여 명이 참가하는 대형 축제로 성장했다. 엔터테인먼트와 IT 기업이 총출동하는 북미 최대의 융·복합 축제다. 코로나 팬데믹 이전인 2019년에 23만 명이 이 축제를 찾았는데, 오스틴은 이 축제로 3억

5000만 달러 이상의 경제적 부가가치를 얻은 것으로 추산된다.

'인천아리랑'부터 펜타포트 락 페스티벌까지

인천 제물포 살기는 좋아도
왜인(왜놈) 위세(등쌀)에 못살겠네
에구데구 흥 성화로다 흥
단둘이만 사자나 흥
산도 설고 물도 설고
누굴 바라고 여기 왔나
아리랑 아리랑 아라리요
아리랑 어얼쑤 아라리야

대한민국의 관문인 해항도시 인천에는 개항의 정서가 담긴 노래 '인천아리랑'이 있다. 개항도시 인천의 아리랑에는 다른 지역의 아리랑과는 다른 특별한 정서가 있다. 항구도시 특성상 '왜인(왜놈)'이라는, 다른 나라 사람이 직접 언급된다. 개항지 인천에 품을 팔러 온 전국 각지 노동자들의 애환도 담겨 있다. 항일(抗日) 민요이면서 한국 노동운동의 시발점인 인천의 역사와 정서가 고스란히 느껴진다.

진도·밀양·정선 아리랑과 견주어보면 '인천아리랑'은 사람들에게 널리 알려지지는 않았다. 김연갑 한겨레아리랑협회 이사가 쓴 《팔도 아리랑 기행 1》(1994)을 보면 1882년 조·미통상조약 체결 당시 '인천아리랑'을 연주했다고 기록되어 있다.

1950~1960년대 인천시 부평구의 미군 부대

애스컴(Army Support Command: ASCOM)(군수지원사령부) 주변에는 여러 음악클럽이 존재했다. 팝, 로큰롤, 재즈, 스윙, 블루스 등 다양한 장르의 대중음악을 전국에 퍼뜨리는 전초기지 같은 곳이었다. 그 당시 대부분의 문물이 관문 역할을 하던 부산, 인천, 원산을 통해 우리나라로 들어왔는데, 서울과 인접한 지리적 특성으로 다른 도시보다 인천을 통해 가장 먼저, 가장 많이 외국의 다양한 문물이 들어왔다. 대중음악 역시 인천을 통해 빠르게 유입되면서 국내 대중음악인들에게도 큰 영향을 미쳤다. 특히 부평구 삼곡동은 애스컴 주변에 다양한 시설이 들어서면서 규모가 커지자 이 일대를 '애스컴 시티'라고 부르기 시작했다.

부평 애스컴 시티는 대중음악의 소비 공간이었다. 인천시 부평구 삼릉(三菱)(행정동으로는 부평2동)은 일제강점기에 미쓰비시 회사가 있었던 곳으로 당시 미쓰비시의 한자음을 그대로 읽어 '삼릉'으로 불렀는데, 여기에 밴드 연주자들이 많이 모여 살면서 자연스럽게 뮤지션들이 교류하는 지역이 되었다. 또한 부평 신촌(新村)(부평3동)은 그 당시 '옹중공장'이라는 군수업체가 있었고 이곳에 입사하면 징용이 면제되었기에 젊은 사람들이 모여들었다. 전국에서 모인 사람들로 새로운 마을이 생겼다 하여 '새마을'이란 의미에서 '신촌'이라 불렀다. 신촌은 20여 개의 음악클럽이 밀집한 대중음악의 또 다른 유통기지였다.

이렇게 인천의 부평은 음악의 창작, 유통 및 소비가 한곳에서 이루어지는 시스템을 갖춘 공간이 되었다. 한국 대중음악사에서 특별한 의미를 갖는 곳이었다. 고향을 떠나온 미군에게 향수를 불러일으키는 음악은 커다란 위안이 되었고, 당시 미8군 산하 캠프 주변의 클럽에서 발생하는 수입이 120만 달러에 달했다. 우리나라의 수출액 규모가 100만 달러 정도였으니 대중음악이 우리나라 경제에 끼친 영향력은 엄청났다. 비단 경제적 역할뿐만 아니라 서양의 음악과 전통문화가 만나 새로운 장르의 대중음악이 만들어지는 산실 역할도 했다.

    부평의 근대사와 애스컴 시티 시절의 흔적을 엿볼 수 있었던 드림보트 클럽 건물이 2020년 철거되었다. 이 건물은 1950~1970년대 부평구 신촌에 있던 20여 개 클럽 가운데 가장 규모가 컸다. 1970년대 애스컴 시티가 해체된 후 드림보트 클럽은 음악적 뿌리를 잃고 중국 음식점, 부동산 중개업소, 부일 정육식당 등으로 바뀌었다. 부평구는 그때의 역사와 문화적 의미를 품고 있는 근대건축물을 지키겠다고 향토문화유산 조례까지 제정했지만, 허술한 행정으로 기록화 작업조차 이루어지지 못한 채 철거되었다. 한국 대중음악사의 현장이 이렇게 사라진 일은 적잖은 아쉬움을 남긴다.●

    인천시 중구 신포동은 부평 애스컴 시티와 함께 우리나라 대중음악사에 굵은 획을 그은 곳이다.

● 경기도 근대문화유산으로 지정된 파주의 미군 전용 클럽 '라스트 찬스'는 현재까지도 문화공간으로 운영되고 있다. 40년 동안 방치되었던 이 공간을 설치미술작가 윤상규와 서양화가 김효순 부부가 발견해 근대문화유산을 보존하겠다는 일념으로 옛 모습에 가깝게 복원했다. '라스트 찬스'의 복원 소식에 1980년대 말 한국 가요계를 이끈 신촌블루스 엄인호, 김태화, 박강수 등이 찾아와 공연했다. 이 클럽은 가왕(歌王) 조용필이 무명 시절에 밴드 활동을 하던 곳으로도 유명하다.

1979년에 생긴 '탄트라', 1983년의 '버텀라인', 1988년의 '흐르는 물' 등 신포동의 음악클럽은 역사를 고스란히 간직하고 있는 대표적인 공간이다. 한국전쟁 이후 인천 숭의동에 자리한 다국적군은 향수병이 도질 때마다 고국의 음악을 듣기 위해 신포동을 찾았다. 이곳에서는 재즈, 블루스, 컨트리 음악이 연일 흘러나왔다. 신포동 음악클럽에서 우리나라 1세대 밴드 뮤지션 김홍탁, 1970년대 고고장을 휩쓴 록 밴드 '데블스'의 김명길, 천재적인 싱어송라이터 송창식 등 인천 출신 뮤지션들이 탄생했다.

이처럼 음악의 관문도시 역할을 한 인천에서 2006년부터 시작된 '펜타포트 락 페스티벌'은 음악문화로 도시 이미지를 리브랜딩하는 인천의 음악축제다. 이 음악축제의 시발점은 1999년에 열린 '트라이포드 락 페스티벌'이다. 트라이포드 락 페스티벌은 딥 퍼플(Deep Purple)과 레이지 어게인스트 더 머신(Rage Against the Machine) 등 세계적 밴드들이 참여하는 가운데 의욕적으로 출발했다. 그러나 안타깝게도 폭우로 공연이 중단되고 이듬해에는 티켓 판매가 저조해 공연이 취소되는 등 난항을 겪다가 결국 폐지되었다. 이런 시행착오를 거치면서 2006년 시작한 '인천 펜타포트 락 페스티벌'은 매년 여름 성공적으로 개최되고 있다.

'인천 펜타포트 락 페스티벌'은 인천광역시가 주최하고 경기일보가 공동 주관하고 있다. 국내에서 열리는 락 페스티벌 중 가장 큰 규모를 자랑하며 수도권 유일의 락 페스티벌이기도 하다. 국내는 물론 해외 유명 뮤지션들이 함께 참가하는 우리나라의 대표적인 락 페스티벌 가운데 하나로 자리 잡았으며, 2022년에는 역대 최대 규모인 13만 명이 관람했고 556억 원에 달하는 경제파급 효과가 발생한 것으로 알려졌다. 2023년에는 역대급 관람객이었다는 13만 명을 넘어 15만 명을 기록했으며 심지어 매진사태까지 일어나는 등 큰 흥행을 이어가고 있다. 펜타포트 부지의 넓이가 축구장 9개에 달한다는 점에서 흥행 규모를 가늠할 수 있다.

펜타포트는 다섯을 뜻하는 '펜타(penta-)'와 항구를 일컫는 '포트(port)'의 합성어다. 인천시가 보유한 공항(Airport), 항만(Seaport), 정보통신기지(Teleport)의 트라이포트(Tri-Port)에 비즈니스(Business-port)와 레저(Leisure-port)를 더한 인천광역시의 도시발전 전략을 담고 있다. 음악문화가 도시발전 전략을 담고 도시의 경제적 부가가치를 창출할 뿐만 아니라 젊고 역동적인 인천의 도시 이미지를 만들고 있다는 점에서 도시를 리브랜딩하는 데 기여하는 창의적이고 성공적인 축제라고 평가할 수 있다.

음악으로 연결하다

대형 페스티벌처럼 규모가 크지 않아도 각 지역의 특색을 잘 반영한 축제는 도시의 이미지를 풍성하게 만든다. 2016년 인천시 옹진군 덕적도 서포리 해수욕장에서 시작된 '주섬주섬 음악회'는 인천의 섬 음악축제다. 인천시에서 관광 활성화를 위해 강화도를 포함해 관광 특화 5대 거점을 만드는 사업의 하나로 시작되었다. 특별한 문화 콘텐츠를 바탕으로 섬 관광을 활성화하여 섬 지역경제를 발전시키기 위해 기획했다.

ⓒ 인천 펜타포트 락 페스티벌

아름다운 자연경관을 홍보하는 것은 물론이고, 섬을 방문하는 관광객에게 다양한 장르의 음악 공연, 체험 프로그램 등 볼거리와 즐길 거리를 제공하고 있다. '주섬주섬 음악회'에서는 재즈, 복고 밴드 음악, EDM(electronic dance music)(댄스파티용 전자음악의 총칭) 등 다양한 장르의 음악 공연이 펼쳐진다. 덕적도 지역민이 운영하는 푸드존, 캠프파이어 등 다채로운 프로그램도 함께 꾸려진다. 이 음악회는 덕적도로 향하는 배 안에서부터 시작된다. 바다 위에 뜬 배에서 라이브 재즈와 탭댄스 등 선상음악회가 열린다. 규모는 작지만 지역민과 함께 만들어가는 인천만의 특색 있는 음악회다.

　　인천은 펜타포트 락 페스티벌과 주섬주섬 음악회 등 다양한 음악축제를 개최할 뿐만 아니라 아트센터인천을 개관하고(2018년 1단계 콘서트홀 개관, 2027년 오페라하우스 개관 예정), 부평 미군기지 반환 지역인 '캠프마켓'에 지역 음악인의 활동 공간이자 창작 공간인 '인천 음악창작소'를 구축하는 등 '글로벌 문화예술도시, 인천'을 향한 발걸음을 부지런히 내딛고 있다.

　　인천은 '일상에서 함께하는 음악', '음악산업 생태계 조성', '음악자원 가치 확산 및 음악 연계 도시재생'이라는 세 가지 전략을 바탕으로 음악도시로의 부상을 꿈꾸고 있다. 하지만 음악도시로서 가져야 할 축제의 지향점이 아직은 불투명하다. 리버풀의 비틀스, 잘츠부르크의 모차르트, 오스틴의 SXSW, 프라하의 봄은 명쾌하다. 압도적인 인적 자본과 사회적 자본으로 형성된 문화자본이 경제자본으로 연결되는 도시들이다.

음악이라는 문화자산을 어떻게 도시 브랜드의 핵심 축으로 세울 것인지가 중요하다.

      문화도시 정책의 목표는 시민 누구나 문화를 누릴 수 있는 환경을 만들고, 문화를 통해 도시발전의 전환점을 만드는 것이다. 이 목표를 달성하려면 음악이라는 도시의 문화자원을 통해 차별적인 도시 브랜드 전략을 수립해야 한다. 또한 음악이라는 문화자원을 바탕으로 다른 지역들과 음악 네트워크를 공유하고 상생할 수 있어야 한다. 이렇게 공감대를 형성하고 공유할 수 있는 커뮤니티가 있어야 새로운 도시 브랜드 이미지를 창출하고 지속가능한 도시 브랜드로 나아갈 수 있다.

12 영화의 도시

　　도시 브랜드를 통해 전달하고자 하는 이야기는 많지만, 너무 많은 것을 이야기하려다 보니 아이러니하게도 정작 핵심이 되는 특·장점은 잘 전달되지 않을 때가 많다. 도시는 다양하고 복잡한 이해관계가 얽혀 있기 때문에 도시의 대표 자원을 부각해 타기팅하면 훨씬 효과적이다. 이때 문화·예술 자원은 그 도시를 쉽고 친근하게 접할 수 있는 소통 수단으로 작용한다. 특히 종합예술인 영화산업은 특색 없는 도시에 개성 있는 스토리를 입혀 도시의 매력을 한층 돋보이게 만든다.

　　풋풋한 스무 살 사랑에 대한 기억을 그려낸 영화 〈냉정과 열정 사이〉의 배경이 된 피렌체(Firenze). 과거를 품고 시간이 느리게 흐를 것 같은 도시 피렌체였기에 영화의 내용과 도시 이미지가 자연스럽게 연결되었다.

뉴질랜드 북섬 와이카토 지방자치구역에 있는 소도시 마타마타(Matamata)는 영화 〈반지의 제왕〉의 호빗 마을로 유명해졌다. 영화 〈트랜스포머 4: 사라진 시대〉의 촬영지이자 〈공각기동대〉의 배경이 된 홍콩의 '익청(益昌)맨션'은 여행객들이 꼭 한번 방문하고 싶어 하는 인스타그래머블(Instagrammable)● 한 촬영 명소가 되었다.

도시, 영화를 품다

카메라가 사랑한 우리나라 도시는 어디일까? 주요 지방자치단체별 영화·드라마 촬영 지원 편수를 살펴보면, 방송사가 모여 있는 서울을 제외하고, 2019년 195편, 2020년 138편으로 가장 많은 영화와 드라마가 촬영된 곳은 인천이다. 부산, 전주, 대전이 그 뒤를 잇는다.

인천은 영화·드라마 제작사가 집중된 서울을 쉽게 오갈 수 있다는 지리적 접근성이 큰 장점이다. 그뿐 아니라 도시가 품은 역사적 시간대가 풍부하다. 따라서 다양한 장르를 넘나드는 영화·드라마 등 영상물의 촬영 장소로 매력이 넘친다. 영화나 드라마의 배경이 되는 로케이션 장소로서 도시 브랜드를 전파하는 것도 도시의 이미지를 형성하는 데 중요한 수단이 될 수 있다.

도시는 영화의 배경으로 브랜드가 되기도

● 사진 공유 소셜 네트워크 서비스인 인스타그램(Instagram)과 '할 수 있는'이라는 뜻의 영어 단어 'able'을 합쳐 만든 조어로 '인스타그램에 올릴 만한'이라는 뜻이다. 인스타그래머블이 젊은 층의 새로운 소비 트렌드로 떠오르면서 음식, 여행, 쇼핑, 공연 등 다양한 분야와 업계에서 마케팅의 중요한 요소로 삼고 있다.

하지만, 영화배우, 감독, 영화 관계자, 관람객들이 한데 모이는 축제의 장인 '영화제'를 통해서도 브랜딩된다. 1932년 이탈리아 베네치아 리도(Lido)섬에서 시작된 베니스 영화제, 1946년 프랑스 남부 칸에서 시작된 칸 영화제, 1951년 독일의 통일을 기원하면서 시작된 베를린 영화제는 세계 3대 영화제로 꼽힌다. 이들 영화제는 축제의 장을 넘어 도시의 경제적 부가가치를 창출하는 영화산업으로 자리 잡은 지 오래다.

칸(Cannes)은 지리·기후적 장점으로 인해 영화제가 열리는 기간 동안 50만 명이 넘는 관광객과 영화제 관계자들이 찾아온다. 이들 가운데 일부는 초호화 호텔과 대형 요트에 머물면서 크고 작은 축제에 참가해 도시에 천문학적인 수입을 안겨준다.

영화제 기간에는 '칸 필름마켓'도 함께 열린다. 영화사들은 마켓부스 참가비 및 시설 사용료, 광고료, 체류비 등으로 수천만 원에서 수억 원을 쓴다. 영화제를 취재하는 기자들이 지불하는 비용도 만만치 않다. 공식적인 영화제 참가자, 취재진, 영화산업 관계자를 추산하면 6만 명이 넘는다.

원도심의 새로운 활력 '부산국제영화제'

우리나라의 대표적인 영화제로는 부산국제영화제(BIFF), 부천국제판타스틱영화제(BIFAN), 전주국제영화제(Jeonju IFF) 등이 있다. 우리나라 최초의 국제영화제인 부산국제영화제는 '우리나라, 그것도 부산에서 국제영화제가 성공할 수 있겠어?'라는 의구심을 받으며 첫발을 뗐다. 그러나 그런 우려를 말끔히 씻어내며 제1회(1996)부터 흥행에 성공했다.

부산국제영화제 ⓒ 오마이뉴스 유성호

그뿐 아니라 다른 여러 도시에 다양한 영화제가 생기는 기폭제 역할을 했다.

장르에 제한을 두지 않고 다양한 영화를 상영하는 부산국제영화제는 현재 아시아에서 비경쟁 영화제로는 최대 규모를 자랑한다. 영화제 기간에 열리는 '아시아 콘텐츠&필름마켓'을 통해 영화산업 시장도 넓히고 있다.

부산국제영화제는 남포동 일대에 BIFF 광장을 조성해 쇠락해가는 부산 원도심에 새로운 활력을 불어넣었다. 부산 영화촬영 스튜디오, 영상산업 벤처센터, 부산 아시아 영화학교, 부산 영화의전당 등 기반시설에 대한 대대적인 투자도 이끌어냈다. 그러나 다양한 인프라와 대규모 투자에도 불구하고 부산에는 영화·영상산업은 없고 축제만 있다는 지적이 나오고 있다.

프랑스의 휴양도시 칸은 칸 영화제를 통해 축제와 관광뿐만 아니라 영화산업의 중심이 되었다. 부산은 1996년부터 27년째 영화제를 이어오며 유관 산업의 기반시설을 구축했고 영화·영상산업이 성장할 수 있는 훌륭한 토양을 만들었다. 이는 다른 도시가 쉽게 따라 할 수 없는 진입장벽을 구축한 것과 같다. 그렇다면 이제 영화·영상문화에 대한 생산과 소비의 선순환이 이루어질 수 있도록 영화산업 생태계 구축, 다시 말해 관련 산업에 종사하는 사람들이 부산에 정착할 수 있는 구조적 개선이 필요하다.

영화제를 통해 도시를 브랜딩하는 것은 홍보와 더불어 관광객을 끌어들이는 요인이 된다. 또한 도시민들이 화합하고 연대하며 행복하게 살아갈 수 있는 토양을 만드는 데 도움을 준다. 외양이 화려한, 혹은 경제적 이익만을 목적으로 한 영화제에 머물러서는 안 되는 까닭이다.

해항도시 인천의 '디아스포라 영화제'

인천은 다양한 사람과 문화가 만나는 해항(海港)도시의 DNA를 갖고 있다. 낯섦의 합. 물론 그로 인한 다양한 갈등도 존재한다. 갈등을 봉합하기 위해 필요한 것은 환대와 연대의식이다. 환대의 시작. 낯설지만 환대하면 대화가 시작되고 갈등이 줄어든다. 이런 인식에서 시작된 행사가 '디아스포라 영화제(DIAFF)'다.

디아스포라(그리스어: διασπορά)는 '흩뿌리거나 퍼뜨리는 것'을 뜻한다. 특정 민족이 자의건 타의건 살에 살고 있던 땅을 떠나 낯선 지역으로 옮겨 가는 현상을 일컫는다. 한자어로는 '파종(播種)' 또는 '이산(離散)'이라고도 한다. 유목이나 난민과는 다른 개념이다.

디아스포라라는 말은 본토를 떠나 나라 밖에 항구적으로 자리 잡은 집단에만 사용해왔다. 그러나 인천이 말하는 디아스포라는 '난민'은 물론 소수자까지 포괄하고 있다. 다양한 가치가 공존하는 시대를 지향한다. 과거와는 달리 디아스포라의 개념이 확장되었기 때문이다.

2013년 11월 첫발을 내디딘 디아스포라 영화제는 인천영상위원회에서 만들었다. 애초 인천문화재단의 한 부서로 존재하다가 이 영화제를 계기로 독립법인이 되었다. 출범 준비를 하던 2012년부터 '영화'를 매개로 지역사회에 기여할 수 있는 의미 있는 모델을 찾고자 노력했다.

인천이라는 도시의 정체성과 시대의 흐름을 관통하는 모델을 만들기 위해 항구와 공항을 갖고 있는 개항도시, 한국 최초의 '이민자 도시'라는 정체성과 맞닿은 '디아스포라'에 주목하고 영화제를 기획한 것이다. 이런 까닭에 디아스포라 영화제는 화려한 외양을 갖추고 외부 손님을 맞이하기보다는 내부 손님들 간의 대화와 화합의 장을 만드는 데 주력하고 있다.

디아스포라 영화제는 문화다양성 가치 확산에 기여한 공로를 인정받아 2018년 문화체육관광부 장관상을 수상했다. 또한 문체부와 한국문화예술위원회가 주최한 무지개다리사업 실적 평가에서 5년 연속 최상위 등급을 받기도 했다. 부산국제영화제의 국내외 위상이나 규모와는 비교할 수 없지만, 인천시의 도시 특성을 반영하는 동시에 스크린을 통해 사회문제를 이야기하고 함께 고민하는 장을 만든다는 점에서 도시의 정체성을 담은 차별적 경쟁력을 가진 영화제로 자리 잡아가고 있다.

문화적 경쟁력과 도시의 생존

부산, 인천, 전주 등 '영화의 도시'를 자처하는 국내 도시들이 해마다 영화축제를 개최하며 영화도시의 이미지를 알리기 위해 노력하고 있다. 하지만 어쩐지 실체가 없다는 느낌을 지울 수 없다. 영화의 도시로 부르기에는 인프라와 스토리텔링뿐만 아니라 축제, 마켓, 인재 등 전반적인 네트워크가 부족하기 때문이다.

유럽의 칸 영화제, 칸 필름마켓과 같은

영화산업의 '빅 마켓'이 머지않은 미래에 이들 도시에서도 나오길 기대한다. 이를 위해 어떤 경쟁력을 갖추고 다른 도시와 차별화할 수 있을지 깊은 고민이 필요하다. 도시 브랜드에 대한 관심이 높아질수록 도시의 경쟁구조가 새롭게 짜인다. 힘의 싸움이 아닌 문화적 경쟁력이 도시의 생존을 넘어 비교우위를 차지할 수 있는 유일한 해답이기 때문이다.

브랜드에서는 USP(unique selling point)(독자적인 판매 가치 제안)가 중요하다. 너무 많은 것을 전달하려고 하면 강력한 단 하나의 인상은 남길 수 없게 된다. 부산은 영화, 컨벤션, 해양자원 등 다양한 가치를 가진 도시이다. 다양한 가치 중 부산시만이 내세울 수 있는 가장 강력한 것을 이제 선택해야 하지 않을까.

현재 유럽, 미국, 중동 등 세계 주요 도시들은 문화예술의 최종 목적지가 되겠다는 목표로 미술관, 아트페어, 영화제 등을 유치하고 있다. 결국 문화에는 좌우를 나누거나 경쟁하는 것이 아니라 함께 향유하고 화합할 수 있는 힘이 있기 때문일 것이다. 원도심과 신도시, 남과 여, 좌와 우, 갑과 을 등 분열된 현재 도시문제를 해결하기 위한 방법으로 영화라는 문화 매개체는 도시 브랜드의 중요한 한 축이 될 수 있다.

도시 생태계가 변화하면서 많은 도시가 새로운 정체성을 찾아 나서고 있다. 도시가 가진 변하지 않는 가치와 시대의 흐름에 따라 변화할 수밖에 없는 가치 사이에서 최적의 균형점을 찾는 도시 브랜딩 활동이 그 어느 때보다 필요하다.

13 미술의 도시

　　도시를 학문적 개념으로 인식시키는 데 기여한 도시 이론가 루이스 멈퍼드(Lewis Mumford)는 "하나의 책, 하나의 건물, 하나의 도시, 이 모든 것은 문화적 맥락 속에 복잡하게 얽혀 있는 것"이라고 말했다. 음악, 영화, 디자인을 포함한 예술은 사회와 떨어져 이해될 수 없고, 이런 관점에서 그는 미술관이 도시문화에 필수적인 공헌을 하고 있다고 강조했다.

　　도시의 인프라 측면에서 문화 콘텐츠가 차지하는 비중은 계속 커지고 있다. 이런 문화산업은 예술가의 창조성을 바탕으로 한다. 인구 46만 명의 중소도시인 영국의 브리스틀은 가장 힙(hip)하고 영(young)한 도시로 유명세를 타고 있다. '얼굴 없는 예술가'로 알려진 영국의 그래픽 아티스트 뱅크시(Banksy)의 영향 때문이다. 브리스틀 시내 곳곳에 있는 그의 작품을 보러

오는 관광객의 발길이 끊이지 않는다.

영국의 화가이자 그라피티 아티스트, 사회운동가, 영화감독인 뱅크시는 스스로를 예술 테러리스트라고 칭한다. 그러나 1990년부터 지금까지 그의 신상은 알려진 바가 거의 없다. 작품 또한 그가 SNS를 통해 공개하고 나서야 대중이 그의 작품임을 알 수 있을 정도로 세계 여러 곳의 벽에 작품을 남긴다.

기존 예술이나 사회 권위를 비판하면서 유명해진 뱅크시는 팔레스타인 베들레헴에 월드 오프 호텔(Walled Off Hotel)을 열고 사방이 막힌 건물 안팎으로 자신의 작품을 가득 채웠다. 그리고 호텔 운영을 지역주민이 담당하게 하고 수익도 모두 주민들에게 돌아가게 했다.

신비주의에 싸여 있을 뿐만 아니라 반전주의, 탈권위주의, 무정부주의 등 다양한 정치적·사회적 주제를 다루는 독특한 작품세계로 유명한 뱅크시의 작품이 등장하는 곳마다 사람들이 몰린다. 심지어 전쟁으로 폐허가 된 우크라이나의 수도 키이우 인근 도시 보로댠카에도 뱅크시의 그라피티 작품을 보기 위해 사람들이 모인다고 한다. 사람들을 끌어들이는 예술과 문화 콘텐츠는 도시 브랜딩에서 주목할 수밖에 없는 강력한 도구다.

뱅크시의 사례에서 알 수 있듯이 예술은 전쟁으로 폐허가 된 공간이나 버려진 공간까지 사람들의 발길을 잇게 한다. 또한 그곳이 폐허가 된 이유, 전쟁으로 힘겨운 시간을 보내는 도시 이야기에 공감대를 불러일으키는 매개체가 된다. 문화 콘텐츠를 기반으로 도시 내외부의 소통을 촉발한다는 점에서 도시에 입혀진 미술작품은 도시를 대표하는 얼굴이 될 수 있다.

뱅크시 벽화, 런던 © Wikimedia Commons

무분별하게 그려지는 벽화(畵)가 아닌 도시가 가진 역사, 문화, 그리고 가치와 진심을 전하는 벽화(話)는 도시의 경쟁력이 될 수 있다.

'아트 바젤', 지역의 예술산업과 도시 경쟁력

세계에서 가장 큰 규모의 아트 바젤(Art Basel)은 3월 홍콩, 6월 스위스, 12월 미국 마이애미에서 열린다. 세계적인 미술품 수집가와 유명인사들이 이곳을 찾는다.

2002년에 시작된 '아트 바젤 마이애미'는 도시 전체를 미술관으로 탈바꿈시킨다고 할 정도로 곳곳에서 다양한 페어(fair)가 열린다. 미국 최대 규모의 아트페어라는 명성과 더불어 디자인 디스트릭트(지구·구역)의 협업이나 다양한 미술관들의 전시가 마이애미를 예술도시로 물들인다.

세계 최대의 디자인 박람회 가운데 하나인 '디자인 마이애미'는 '아트 바젤 마이애미'와 같은 기간에 열려 도시 축제를 더욱 풍성하게 만든다. 세계적인 디자이너들이 작품을 전시하고, 럭셔리 패션 하우스들은 '디자인 마이애미'만을 위한 스페셜 에디션 전시를 선보인다. 국제 포럼으로 출발한 '디자인 마이애미'는 전 세계에서 가장 영향력 있는 수집가, 갤러리스트, 디자이너, 큐레이터, 비평가를 한자리에 불러 모은다. '디자인 마이애미'는 가구와 조명 등 예술과 디자인의 접점에 있는 실용적 아이디어에 예술적 전위성을 더한 실험적 디자인의 데뷔 무대다.

아트 바젤이 열리는 홍콩, 스위스, 마이애미는 세 도시와 아트페어, 아트마켓이 서로 연결되면서 아트페어 클러스터(cluster)(연관된 산업의 기업과 기관들이 한곳에

아트 바젤 © Wikimedia Commons

모여 시너지 효과를 도모하는 산업집적단지)처럼 움직인다. 특히 홍콩은 아시아의 아트 허브로 자리 잡았다. 여러 해 동안 쌓인 잠재 고객과 도시의 인프라가 연결되어 아트마켓이 만들어졌다. 대규모 자본이 유입되어 지역의 예술산업과 도시 경쟁력이 강화되는 선순환 구조의 발판을 만들었다.

    2015년 '아트 바젤 마이애미'에서는 약 3조 7000억 원어치 예술작품이 거래되었다. 관람객 수도 9만 명이 넘었다. 세계 주요 디자인 페스티벌에서는 행사 기간을 '아트 위크'로 브랜딩해 도시 전체를 예술 행사의 장으로 만든다.

빌바오 효과, 산업중심에서 문화중심 도시로

    "투우사보다 황소를 사랑하고, 부유하지만 무겁고 추한 광산도시."

    미국의 문호 헤밍웨이(Ernest Hemingway)는 《오후의 죽음》에서 빌바오(Bilbao)를 이처럼 묘사했다. 스페인 바스크 지방의 빌바오는 영국, 프랑스와의 교역 항구였다. 제철업과 조선업으로 번창한 공업도시로 스페인에서 가장 부유했던 곳이다. 그러나 1970년대 산업과 물류의 변화에 대응하지 못한 빌바오는 30퍼센트가 넘는 실업률을 기록하며 쇠락했다.

    빌바오 당국은 쇠락한 공업도시를 관광도시로 탈바꿈시키기 위해 새로운 기획을 시작했다. 그리고 마케팅의 대가인 필립 코틀러(Philip Kotler)를 초청했다. 빌바오의 도시 이미지를 바꿔줄 멋진 홍보문구를 기대했던 빌바오 당국자들의 예상과 달리 코틀러는 이런 이야기를 꺼냈다.

"빌바오에는 에펠탑이 없잖아요."

런던에는 '빅 벤(Big Ben)'이 있고, 뉴욕에는 '타임스 스퀘어(Times Square)', 파리에는 '에펠 탑(Tour Eiffel)'이 있다. 거대한 건축물이라고 해서 모두 도시의 랜드마크가 되는 것은 아니다. 좋은 랜드마크는 관광객에게 경험과 추억의 대상이 되고, 그 도시만의 정체성을 보여주는 최고의 상징물을 뜻한다.

빌바오는 외부 사람들을 끌어들일 매력 요소가 없다는 코틀러의 지적을 받아들였다. 세계적인 명성을 지닌 미국 구겐하임 재단과 협상해 1억 달러에 달하는 건설 비용을 부담하고, 1991년 네르비온 강변에 '빌바오 구겐하임 미술관(Bilbao Guggenheim)'을 유치했다. 바스크 지방정부는 미술관 건축을 위한 재원을 마련하고, 구겐하임 재단은 미술관을 운영하며 주요 소장품을 제공하는 협정을 맺었다. 세계적인 건축가 프랭크 게리(Frank Gehry)의 설계로 7년 만인 1997년 구겐하임 미술관을 완공하고 그해 10월 개관했다.

빌바오 구겐하임을 개발할 당시 콘셉트는 세 가지였다. 문화를 통해 경제적 가치를 창출하고, 국제사회에서 예술적 지위를 획득하며, 다양한 산업 요소와 연결할 수 있는 통합시설로 개발한다는 것이다.

빌바오는 공공디자인 도입, 대중교통 개선, 네르비온강 주변의 환경 개선 등 도시 개발도 함께 진행했다. 빌바오 구겐하임이 만들어진 뒤 빌바오는 유럽에서 가장 여행하고 싶은 도시 10위에 올랐다. 2014년 〈파이낸셜 타임스〉에 따르면, 빌바오는 투자 매력도가 가장 높은 유럽 도시 가운데 4위를 차지했다.

바스크 지방정부가 구겐하임 미술관을 유치하기

빌바오 구겐하임 미술관, 빌바오 ⓒ 김진석

위해 투자한 1억 달러를 회수하려면 연평균 40만 명의 관람객을 유치해야 했다. 코로나 팬데믹 이전에는 매년 100만 명이 넘는 관람객이 빌바오를 찾았다. 지역 호텔이 10배 이상 늘어났고, 일자리 창출 등 경제적 성공과 지역경제의 활성화로 이어졌다. 사람들은 이 현상을 '빌바오 효과(Bilbao effect)' 또는 '구겐하임 효과(Guggenheim effect)'라고 부른다.

이런 현상만 보고, 단순히 빌바오 구겐하임이라는 랜드마크를 만든 것만으로 도시 리브랜딩에 성공했다고 단정 지을 수는 없다. 쇠락한 도시 빌바오가 새롭게 변모하기까지 미술관 하나만을 지어서 이룬 결실은 아니라는 뜻이다. 미술관이라는 랜드마크 하나로 도시의 이미지, 경제, 산업을 모두 견인했다고 볼 수 없다. 바스크 자치정부, 비스카야 주정부, 빌바오시가 1980년대부터 대대적인 도시재생 사업을 통해 사회기반 시설을 재정비했고 그 바탕 위에 빌바오 구겐하임을 세웠기 때문에 가능했던 일이다.

정치, 경제, 교육, 환경, 사회, 문화시설 등 살기 좋은 도시를 만들기 위한 필수적 요소들을 개선하기 위해 민관 협력단체인 '빌바오 메트로폴리 30'에서 도시의 비전과 전략을 수립했다. 그리고 중앙정부, 바스크 자치정부, 빌바오시, 시민단체의 거버넌스 '빌바오 리아 2000'에서 이 같은 사업들을 체계적으로 실행했다.

아일랜드 더블린의 도시문제 해결을 위한 '스마트 더블린' 프로젝트의 코디네이터 루크 빈스(Luke Binns)는 〈문화의 자본화(Capitalising on Culture)〉에서 문화도시의 도시재생 정책을 문화생산 모델(cultural production model), 문화소비 모델(cultural consumption model), 지역참여 모델(participatory community arts model) 등 세 가지로 설명했다.

  문화생산 모델은 쇠락한 도시에 문화시설을 건립하고 대규모 이벤트를 개최하는 등 도시를 문화주도형으로 재생하는 것을 말한다. 중공업 침체로 도시가 쇠락하자 랜드마크를 개발하고 다양한 축제를 기획함으로써 도시를 리브랜딩한 영국의 글래스고(Glasgow)가 대표적인 예다.

  문화소비 모델은 하드웨어 중심의 도시에서 경제, 사회, 환경 등 다양한 분야와 문화예술이 통합되는 문화산업 클러스터로 변모하는 것을 뜻한다. 요코하마, 빌바오 등 창조도시 모델로 발전하는 문화통합형 재생이 여기에 해당된다.

  마지막으로 지역참여 모델은 시민이 주체가 되어 추진하는 도시재생으로 일본의 마치즈쿠리(まちづくり) 운동이 대표적이다. 지방소멸과 인구감소의 해법을 찾는 데도 이 모델을 적용하고 있다.

  산업중심 도시에서 문화중심 도시로 리브랜딩한 빌바오는 정체성을 리포지셔닝해 도시를 새롭게 만들었다. 도시의 문화 정체성 형성은 인간답게 살기 위한 조건을 갖춘 이후에 진행되는 것이 아니다. 인간답게 살기 위한 도시를 만드는 과정에서부터 출발한다. 제대로 된 도시재생과 브랜딩을 통해 시민들의 기본권을 보장하고 문화적 자긍심까지 불어넣는 도시는 시민이 살고 싶어 하는 필요충분조건을 갖춘 도시로 발전한다.

'다산쯔 798' 예술지구의 명암

중국 '다산쯔 798' 예술지구는 중국을 대표하는 최초의 예술특화지구다. 베이징 다산쯔(大山子) 지역에 위치한 이곳은 1954년부터 1957년까지 옛 소련과 동독의 지원으로 설계·착공된 군수공장이었다. 냉전 시기가 지나자 제조업 공장 시설들이 도심 외곽으로 이전하게 되었다. 이곳의 군수공장들은 700, 706, 707 등 번호로 불렸는데, 공장 시설을 이전한 뒤 6개 공장이 합쳐진 798 공장 건물을 외부에 임대했다.

2002년 중국 현대미술을 해외에 알리는 데 주도적인 역할을 했던 로버트 버넬(Robert Bernell)이 최초로 '다산쯔 798'에 입주했다. 이후 많은 예술가들이 이곳에 정착했고, 공장 이름을 따서 '다산쯔 798'로 부르게 되었다. 2005년 중국 정부가 철거 계획을 발표했지만, 이듬해인 2006년 국가정책을 변경해 '문화창의산업 특구'로 지정했다. 이는 798 예술지구가 다산쯔 국제예술제(DIAF)와 798 비엔날레 등을 개최하며 예술인이 모여드는 국제무대가 되었기 때문에 내려진 결정이었다.

이곳은 정부의 환경정비 지원 말고는 모두 예술가들이 자발적으로 모여 소통·협업하면서 만들어낸 자생적 공간이다. 싼 임대료 덕분에 젊은 예술인들이 유입되었고, 다양한 콘텐츠가 쌓였다. 이곳은 단순히 미술품을 전시하고 판매하는 공간만은 아니다. 다양한 예술인들이 모이면서 예술산업 인프라가 갖춰졌고, 이를 통해 신진 작가들이 정착하고 등단하는 인큐베이팅 역할을 담당했다.

베이징 올림픽을 거치면서 다산쯔 798은

'다산쯔 798' 예술지구, 베이징 © Cory M. Grenier, Wikimedia Commons

세계적인 주목을 받았다. 덕분에 문화예술을 바탕으로 공간을 리브랜딩한 대표적인 사례로 손꼽힌다. 다산쯔 798뿐만 아니라 영국의 테이트 모던(Tate Modern), 미국 뉴욕의 소호(SoHo)와 마이애미(Miami) 등도 버려진 공장지대를 잘 활용한 경우다. 넓은 공간과 값싼 임대료 덕분에 예술가들이 정착하기에 수월했다.

그러나 다산쯔 798은 영국이나 미국의 사례와는 달리 과도한 상업화와 임대료 인상 등으로 초기에 정착했던 예술가들이 많이 떠났다. 예술가들이 머물던 자리에는 상업시설이 들어섰다. 예술을 통한 지역개발이 예술과 창작자에 초점을 맞추지 않고 오로지 이윤 극대화를 위한 관광산업에만 집중한 결과다. 꾸준히 황금알을 낳을 수 있는 거위의 배를 성급하게 갈라버린 셈이다.

'아트부산'과 '프리즈 서울'의 교훈

부산은 긴 해변을 따라 형성된 특급호텔 클러스터와 특색 있는 음식문화로 트렌드를 리드하는 국제적인 휴양도시를 표방하고 있다. 넓게 펼쳐진 해안선과 고층빌딩의 풍경, 감천 문화마을과 영도 흰여울 문화마을, 깡깡이 예술마을 등 공공예술 프로젝트는 부산의 예술적 자양분이 되었다.

부산국제아트페어(BIAF)는 2007년 아시아오픈아트페어로 시작해 2012년 '아트부산'으로 이름을 바꾼 뒤 2023년 22회를 맞았다. 아트부산은 한국국제아트페어(KIAF)와 함께 국내 최대 규모를 자랑하는 현대미술 장터다.

2021년 아트부산은 역동적인 동시대 미술

작업을 소개하고, 부스 전시를 뛰어넘는 큰 규모의 설치작품을 전시해 눈길을 끌었다. 예술가들의 다양한 퍼포먼스와 장소 특정적 미술(site-specific art)(작품의 구성요소가 자연적 배경을 보완하고 특정 장소와 조화를 이루도록 의도적으로 계획하고 배치한 미술작품) 전시를 독려하기 위해 갤러리들이 참여할 수 있는 특별전시 섹션도 마련했다.

  2022년 아트부산에는 약 250명이 3000여 점의 작품을 출품했다. 국내 주요 갤러리 110여 곳과 해외 유명 갤러리 50여 곳이 참가했다. 10만 2000여 명이 다녀갔고, 746억 원의 작품 판매액을 기록했다.

  문화예술로 도시 브랜딩에 성공한 대표적인 도시들은 특정 아트페어나 미술관에 기대어 명성을 얻은 것이 아니다. 문화예술 인프라를 클러스터로 연결하고, 예술가와 행정가와 시민의 거버넌스를 구축해 경쟁력과 실행력을 높여낸 입체적 노력의 결과다.

  문화도시를 지향하는 도시들은 아트페어, 문화특구, 문화의 거리, 아트쇼 등 예술을 통해 도시에 새로운 가치와 활력을 불어넣으려고 노력한다. '아트 바젤'에 필적하며 세계 2대 아트페어로 꼽히는 '프리즈 아트페어(Frieze Art Fair)'와 국내 최고의 국제 아트페어인 키아프는 공동으로 '프리즈 서울'을 2022년부터 5년간 서울에서 개최한다.

  2022년 9월 나흘간 7만 명이 방문하고 6500억 원 규모의 작품들이 거래된 프리즈 서울은 아시아 시장을 노리는 프리즈와 국제시장 진출을 목표로 하는 키아프의 협력 사업이다. 2022년의 첫 공동 개최에 힘입어 국내 미술시장 규모는 2021년 7563억 원에서 37퍼센트 증가한 1조 원대를 기록했다. 아트 바젤 홍콩을 넘볼

만큼 한국의 미술시장이 확장되었다는 평가를 받기도 하지만, 이것이 아시아 미술시장의 흐름을 서울로 견인할 동력이 될 수 있을지 여부는 아직 판단하기 이르다.

그동안 아트 바젤은 개최 도시의 특성에 맞게 아트페어, 아트마켓과 서로 연결되면서 아트페어 클러스터 역할을 했다. 이를 통해 각 지역에서 성공을 거두며 아트 바젤과 해당 도시 모두 브랜드 경쟁력을 향상하는 시너지 효과를 누렸다. 아트 바젤 홍콩, 아트 바젤 마이애미 등이 아트마켓을 따라 대규모 자본이 유입되어 지역의 예술산업과 도시 경쟁력이 강화되는 선순환 구조의 발판을 만들었듯이, 프리즈 서울과 키아프 서울도 이를 전략적으로 활용하고 아트페어 클러스터 역할을 수행한다면 아시아 미술시장의 중심으로 올라설 수 있을 것이다.

14 미식의 도시

부산 돼지국밥, 천안 호두과자, 나주 곰탕, 의정부 부대찌개, 제주 흑돼지, 언양 불고기, 강릉 커피, 우도 땅콩······.

한번 들으면 바로 떠오르는 지역의 대표 음식들이 있다. 그중에서도 유명 인물에 얽힌 스토리텔링, 전통적인 분위기와 연계한 컬러마케팅 등으로 유명해진 음식이 바로 전주비빔밥이다. 전주비빔밥은 평양냉면, 개성탕반과 더불어 조선의 3대 음식으로 꼽힌다.

1952년 전주 한옥집이 최초로 근대식 비빔밥 전문점을 운영했다고 알려져 있다. 1960년대 삼성의 창업주 이병철 회장이 전주로 출장을 갔을 때 전주비빔밥을 먹어보고 그 맛에 반했다고 한다. 그 뒤 신세계백화점에 전주비빔밥 전문점을 열었고, 이때부터 서울에서도 전주비빔밥이 유명해졌다는 것이다.

전주비빔밥이 사람들에게 익숙한 브랜드가 될 수 있었던 배경은 무엇일까? 비빔밥에 올라가는 고명에는 오방색이 다 들어 있다. 계란, 푸성귀, 김, 소고기고추장 등의 고명은 청색, 적색, 황색, 흑색, 백색의 다섯 가지 색이 조화를 이룬다. 맛도 좋지만 동양의 음양오행 사상을 반영한 컬러마케팅 요소까지 가미된 셈이다. 또한 비빔밥은 다양한 재료를 쉽고 맛있게 먹을 수 있는 편리한 음식이면서도 고명의 특별한 식재료에 따라 산채비빔밥, 낙지비빔밥, 꼬막비빔밥 등 확장이 가능하고, 비빔밥을 담는 식기에 따라 돌솥비빔밥, 양푼비빔밥 등 명칭이 달라진다.

세계적인 팝 스타 마이클 잭슨은 1997년 판문점에서 열린 세계평화 콘서트에 참석하기 위해 한국을 방문했을 때 전주비빔밥을 맛보고 그 매력에 푹 빠졌다. 신라호텔에서는 '마이클 잭슨 비빔밥'이라는 새 메뉴까지 내놓을 정도였다. 비슷한 시기에 대한항공은 기내식으로 전주비빔밥 메뉴를 선보였다. 전주비빔밥은 차별화된 스토리텔링에 성공하며 한식의 랜드마크로 자리매김했다.

음식은 삶을 유지하기 위해 먹고 마시는 기본 요소일 뿐만 아니라 삶의 재미나 목적이 되기도 한다. 음식은 오랜 전통 속에서 자연과 생활환경 등이 어우러진 산물이기에 지역·도시·국가의 문화 정체성을 보여주는 중요한 요소다. 음식은 단순히 먹고 마시는 행위를 넘어 상징성과 규칙성을 품고 있는 폭넓은 문화로 이해해야 한다.

코로나19 이전에 한국관광공사에서 조사한

결과를 담은 〈2020 데이터로 보는 한국관광〉 보고서에 따르면, 외국 관광객들이 한국에 와서 참여한 주요 활동 가운데 '식도락 관광'이 2위를 차지했다. 음식관광의 비중도 2015년 47.3퍼센트에서 2019년 76.8퍼센트로 크게 높아졌다. 다른 분야에 비해 큰 폭의 성장세다. 또한 한국관광 데이터랩의 '지역별 관광 현황' 조사(2022년 9월~2023년 8월)에서도 관광소비 추이 1위는 식음료업이다. '내비게이션 데이터 검색 건수' 역시 식음료 관련 목적지가 압도적으로 부동의 1위다.

어느 나라에서나 음식은 매력적인 관광자원이다. 음식은 특정 지역의 고유성을 표출하는 문화적 자산이다. 당연히 각 도시는 음식을 지역의 고유 브랜드로 만들어 관광산업 활성화와 지속가능한 도시발전의 원동력으로 삼으려고 한다. 그뿐 아니라 외교 분야에서도 음식은 국가와 지역에 문화적으로 접근할 수 있는 중요한 자산으로 인식하고 있다.

'유네스코 창의도시'의 조건

유네스코(UNESCO)는 각 도시의 문화적 자산과 창의성에 기초한 문화산업을 육성하고, 도시 간 협력을 바탕으로 경제·문화·사회적 발전을 꾀하기 위해 '유네스코 창의도시 네트워크(UNESCO Creative Cities Network: UCCN)' 사업을 진행하고 있다.

'창의도시'는 미국의 도시경제학자 제인 제이컵스(Jane Jacobs)가 《도시와 국가의 부(Cities and the Wealth of Nations)》(1984)라는 책에서 처음 언급했다. 이 책에서 제이컵스는 "도시 전체 스케일보다 주거 중심의 근린 스케일이 도시의 역동성을 만들어내고, 이것이 도시의 지속적인 성장을 담보할 것"이라고 주장했다.

영국의 도시학자 찰스 랜드리(Charles Landry)는 《창의도시(The Creative City)》(2000)라는 저서에서 전통산업의 쇠퇴와 지식자본을 통한 도시 부가가치 창출을 근거로 들며, 도시발전의 전제조건은 도시만의 독특한 문화적 개성이라고 주장했다. 이와 더불어 도시문제를 해결하는 데에 창의성과 혁신이 중요하다고 강조했다.

유네스코 창의도시 네트워크는 도시 성장의 중요한 자산인 창의성을 바탕으로 각 도시가 갖고 있는 고유한 문화적 자산을 활용한 창의산업의 육성과, 도시 간의 협력을 통한 지속가능한 경제·사회·문화 발전을 목적으로 한다. 문학(Literature), 음악(Music), 영화(Film), 공예와 민속예술(Crafts and Folk Art), 디자인(Design), 미디어아트(Media Art), 미식(Gastronomy) 등 7개 분야로 구성되어 있다. 도시 간 문화 특성을 고려한 분야별 국제협력 증진을 도모한다.

2020년까지 84개 국가 246개 도시가 유네스코 창의도시로 선정되었다. 문학 39곳, 음악 47곳, 영화 18곳, 미디어아트 17곳, 공예와 민속예술 49곳, 디자인 40곳, 미식 36곳이다. 음식 분야에서는 전주가 우리나라에서 유일하게 이름을 올렸다.

음식 분야 유네스코 창의도시에 선정되려면 여러 가지 조건을 충족해야 한다. 지역 고유의 특성이 담겨 있는 요리법, 전통음식점이나 전통요리사가 있는 생동감 있는 미식공동체적 특성, 음식축제 및 경연대회, 전통 음식문화에 대한 홍보와 대중의 이해를 높이기 위한 교육 프로그램 운영 등이 판단 기준이다.

관광 분야의 브랜드 자산은 다른 관광 목적지와 차별화되는 독특한 이름이나 상징, 가치, 특산품, 자연경관 등을 비롯하여 관광객이 인지하는 관광 서비스, 문화 등 무형가치의 총합이라고 할 수 있다. 각 도시의 역사와 문화, 정체성을 반영하는 음식문화는 기존 관광자원에 새로운 가치를 부여해 경쟁우위를 확보할 수 있는 강력한 관광자산이 될 수 있다.

다양한 문화가 녹아 있는 '매커니즈 요리'

마카오 사람이라는 뜻의 매커니즈(Macanese)는 원래 대항해시대(15~17세기)에 포르투갈 선박이 마카오에 상륙한 이후 지속적인 교류를 통해 생겨난 중국과 포르투갈의 혼혈인을 뜻했다. 그러나 마카오에 융화된 해외의 다양한 문화가 항로 기항지를 따라 각 대륙으로 퍼져 나가면서 현재의 매커니즈는 세계를 아우르는 퓨전 문화라는 의미로 확대되었다.

그래서 매커니즈 요리라고 하면 화려하고 다양한 광둥요리(廣東料理)와 대항해시대의 모험정신이 묻어나는 포르투갈 요리가 만나서 탄생한 음식을 일컫는다. 400년 이상 중국, 유럽, 아프리카, 인도, 동남아시아 등 각 나라의 다양한 재료와 독특한 향신료, 조리법이 융화되면서 발전한 마카오만의 고유한 음식문화다.

마카오는 2017년 튀르키예의 하타이주와 함께 유네스코 창의도시 미식 분야에 선정되었다. 미식 여행지로 전 세계인의 주목을 받고 있는 마카오는 독창적이고 친환경적인 음식문화의 접점을 발굴·홍보해 미식도시로서의 정체성을 다졌다.

마카오 리츠칼튼 호텔의 레스토랑 '라이 힌(Lai Heen)'은 호화로운 식재료를 사용하지만 멸종위기종은 식재료에서 배제하고 있다. 예를 들어 샥스핀 대신 전복과 해삼을 활용한 메뉴를 선보이는 등 환경을 생각하는 지속가능한 미식을 지향한다. 레스토랑 '루트(Root)'는 직접 재배한 과일을 요리 재료로 쓴 뒤 과일 껍질은 요리를 담는 접시로 활용한다. 친환경적인 미식 체험의 즐거움까지 고려한 것이다. 마카오의 유명한 길거리 간식 '쭈빠빠오(猪扒包)'를 채식으로 재해석한 메뉴인 '옴니포크(OmniPork) 쭈빠빠오'도 내셔널 지오그래픽 〈위대한 녹색음식의 여정(The Great Green Food Journey)〉 프로그램의 대표적인 사례 가운데 하나다.

'미쉐린 1스타' 셰프의 대국 길거리 음식

넷플릭스에서는 2019년 4월 수많은 사람이 오가는 길거리에서 탄생한 음식 이야기를 담은 〈길 위의 셰프들(Street Food)〉을 선보였다. 끓이고, 튀기고, 굽고, 지지고, 때로는 날것 그대로를 선보이는 길거리 음식. 이 프로그램은 길거리 음식을 매개로 다양한 지역의 역사·문화를 탐험하는 다큐멘터리다.

전 세계 길거리의 숨은 맛집을 탐험하는 여러 에피소드 가운데 가장 인상적이었던 것은 태국 방콕 편이었다. '볶음면계의 모차르트'로 불리는 란 재파이(Raan Jay Fai) 셰프가 소개되었는데, 길거리 음식으로는 최초로 2017년 '미쉐린 가이드' 1스타를 받았다.

재파이 셰프는 일반적인 닭고기 국수와는 다른

방콕 © shutterstock

새로운 음식을 선보이기 위해 신선한 해산물을 재료로 선택하고 세계 5대 요리 가운데 하나라는 태국의 '똠얌'을 볶음으로 만드는 등 태국의 소울푸드(soul food)를 독특한 요리로 재해석했다. 일본의 오믈렛에서 착안해 만든 '게살 오믈렛'은 일반적인 태국 팟타이를 변주한 것이다.

《방콕 베스트 50 길거리 맛집(Bangkok's Top 50 Street Food Stalls)》의 저자 초 나울카이(Chawadee Nualkhair)는 "길거리 음식은 방콕에서 가장 중요한 삶의 요소"라고 말했다. 귀갓길에 국수를 먹고, 카레를 포장해 가는 사람들을 흔히 볼 수 있는 방콕에서 길거리 음식은 사람들을 결속시켜주는 매개체이다.

자신의 음식이 최고라는 자부심을 갖고 태국인의 소울푸드를 지키며 새로운 요리법으로 다양한 사람들의 입맛을 사로잡으면서 길거리 음식 상인들의 롤모델이 된 재파이 셰프는 "길거리 음식은 우리 모두의 것이다. 온전히 태국의 것이고, 방콕의 것이고, 우리의 것"이라고 말한다. 그는 노점상 규제에 대한 정부의 생각을 바꿔놓았다.

넷플릭스〈길 위의 셰프들〉한국 편에는 광장시장 '고향손칼국수'의 조윤선 셰프가 등장한다. 우리나라 각 도시마다 존재하는 다양한 재래시장의 음식문화도 다시금 조명해볼 필요가 있다.

일본에서만 경험할 수 있는 '에키벤'

기차 문화가 발달한 일본에서는 지역의 특색 있는 요리가 기차 도시락과 결합되면서 새로운 음식문화가 탄생했다. 기차역에서 파는 도시락이라는

뜻의 '에키우리벤토(驛賣り弁當)'의 줄임말인 '에키벤(驛弁)'이 그 주인공이다. 각 지역의 특산물을 식재료로 써서 만든 독창적인 메뉴와 사고 싶게 만드는 도시락 패키지디자인(포장)으로 유명하다. 에키벤은 일본에서만 경험할 수 있는 독특한 음식문화다.

      1872년 도쿄의 신바시와 가나가와현 요코하마를 잇는 일본 최초의 철도가 개통되었다. 기차를 타고 출퇴근하는 이들을 위해 도시락을 판매하는 상인이 등장했다. 열차가 정차하는 도시가 생길 때마다 그 지역의 특성을 담은 에키벤도 늘어났다. 이렇게 에키벤은 150년이 지난 현재까지 도시와 함께 성장해왔다.

      남북의 긴 섬들로 연결된 일본에는 어족자원이 풍부한 어장이 있다. 이런 지리적 특성 덕분에 농산물과 해산물 등 식재료가 다양하고, 이를 바탕으로 한 특색 있는 지역 음식이 발달했다. 철도가 처음 개통된 1872년 당시에는 냉장 기술이 발달하지 않아 에키벤에 가장 신선한 현지 식재료를 쓸 수밖에 없었다. 에키벤 제조업체들은 오늘날까지도 특색 있는 현지 음식을 신선하게 맛볼 수 있도록 연구·개발에 힘쓰고 있다.

      일본에서 가장 붐비는 교통 요충지인 도쿄역은 전국에서 모인 다양한 에키벤을 만날 수 있는 곳이다. 교토역을 방문하면 두부피로 감싼 스시나 후추밥과 같은 교토만의 별미 음식을 맛볼 수 있다. 미야기현의 '고쿠센 숯불 소혀 에키벤'은 밑바닥에 작은 발열 파우치가 들어 있어서 간단히 줄을 잡아당기고 몇 분만 기다리면 도시락 상자가 저절로 데워진다.

      개성 있는 패키지디자인으로 지역문화를 잘

담아낸 에키벤은 관광객들이 꼭 먹고 경험해봐야
하는 문화상품으로 뿌리내렸다. 일본에서는 매년
에키벤의 순위를 매겨 발표한다. 일본인은 물론 외국인
관광객들이 에키벤 랭킹을 참고해 여행 행선지를
정하기도 한다.

　　　　이처럼 음식은 도시 정체성을 만들어내는 주요한
자산이다. 우리나라에도 전주 하면 비빔밥, 통영 하면
굴, 영암 하면 무화과, 안동 하면 간고등어 등 떠오르는
대표적인 지역 특산품(음식·식재료)이 있다. 어떻게 하면
이를 문화상품으로 발전시켜 관광객을 불러들이고
지속가능한 도시생태계를 만들어내는 지역자산으로
만들 수 있을지 고민해야 한다.

　　　　2017년 트럼프(Donald Trump) 미국 대통령이
한국을 방문했을 때 한미정상회담 만찬에 등장한
'독도새우'가 이슈였다. 그 당시 한식 전문가로 대통령
만찬을 준비했던 한윤주 '콩두' 대표는 청와대에서
요청한 세 가지를 이렇게 정리했다. 국빈의 입맛을
최대한 고려할 것, 화려하지 않으면서 한국인이
일상에서 먹는 음식에 기반을 둔 한식을 준비할 것, '위
고 투게더(We Go Together)'라는 상징적 메시지를 느끼게
할 것.

　　　　고민 끝에 한윤주 대표는 독도새우를 넣은
복주머니 잡채 메뉴를 선보였다. 독도새우는 바닷가재를
좋아하는 트럼프 대통령에게 바닷가재와 식감과 맛이
비슷한 음식을 경험하게 하려고 준비한 메뉴였다.
음식도 어떻게 브랜딩하는가에 따라 그 도시나 나라에
대한 새로운 경험이 될 수 있다. 때로는 방문객에게 잊을
수 없는 기억을 선물한다.

'독도새우'는 한국, 미국, 일본에 큰 파장을 불러일으켰다. 준비한 측의 의도가 어떻든 독도라는 이름이 들어간 음식이었기에 단순히 한미정상회담 만찬에 오른 하나의 메뉴를 넘어 사람들에게 강한 인상을 남긴 브랜드가 되었다. 그리고 이 만찬 음식 하나가 전 세계에 독도가 한국 땅이라는 정체성을 환기시키는 큰 역할을 했다.

또래 청년들이 만들어낸 남다른 브랜드

필자는 경희대학교에서 학생들을 가르치면서 청년 관계인구 증대를 통한 지역 활성화 방안 연구를 진행하고 있다. 지역소멸 이슈에 가장 민감한 곳 중 하나인 어촌의 활성화 방안을 대학생들과 함께 모색해보는 프로젝트도 진행한다. 학생들은 어촌마을에 찾아가서 현황을 파악해 문제점을 찾고, 청년(지역에 꼭 필요한 인구, 즉 미래 고객)의 시각으로 지역의 문제 해결 방법을 찾아낸다. 2021년 진행된 수업에서 강원도 양양의 물치어촌계에 다녀온 한 학생의 발표가 매우 인상적이었다.

> 물치항은 너무 예쁜 어촌마을이었어요. 바다도 예쁘고 버섯 모양의 빨간 등대, 흰 등대도 바다 풍광을 멋지게 만들고 있습니다. 그런데 현장답사를 하다 보니 먹을 것이 문제였어요. 저희는 생선을 좋아하지만 날생선은 못 먹거든요. 그런데 회센터만 즐비해서 제대로 먹지 못했어요. 우리같이 젊은 세대에게 바다는 친구와 추억을 쌓는 장소예요. 영국 여행을 갔을 때 석양을 바라보며 친구와

바닷가에서 피시 앤드 칩스(fish and chips)를 먹던 기억이 나더라고요. '물치항뿐만 아니라 우리나라 바닷가에는 왜 회센터만 있을까'라는 생각을 하게 되었습니다.

학생들은 이런 경험을 바탕으로 '남다른 우리들의 마켓, 달라마켓'을 제안했다. 기존 회센터와 상생하면서도 자신들이 먹고 싶은 음식을 먹을 수 있는 솔루션을 찾아냈다. 회센터에서 먹고 싶은 생선을 선택하여 구입하면 회센터에서는 튀김용으로 생선을 손질해주고, 달라마켓은 프라이(Fry) 존을 운영하며 손질된 생선을 맛있게 튀겨주는 아이디어였다. 승용차를 몰고 오는 사람들을 고려해 논(non)알코올 음료도 메뉴에 포함시켰다. 학생들은 본인들이 먹고 싶은 것을 그대로 메뉴에 반영했다.

그해 여름 물치항 축제에서 학생들은 물치어촌계와 협의해 실제로 '달라마켓'을 열고 아이디어를 실현시켰다. 이 학생들에게 바다의 추억이 하나 더해졌다. 한여름 뙤약볕에서 피시 앤드 칩스를 팔며 즐거웠던 추억 말이다. 그리고 물치어촌계는 청년이 바라는 바다가 되기 위해 청년의 의견에 귀 기울이며 어촌 활성화를 위한 새로운 가능성을 열었다. 학생들의 기획서를 바탕으로 '어촌뉴딜 300' 사업 제안서를 작성했고, 그해 '어촌뉴딜 300' 사업에 선정된 것이다.

브랜드는 늘 고객이 원하는 것에 민감해야 한다. 청년이 지역에 정착해야 한다는 필요성만 강조하면 안 된다. 청년이 정착할 수 있는 환경을 만들어야 한다.

지속가능한 도시 브랜드가 되기 위해서는 명확한 고객이 누구인가를 정해야 하고, 고객이 원하는 바를 경험하고 실현할 수 있는 도시 어메니티를 만들어야 한다. 도시가 가진 자원을 사용하던 관성(어촌이니까 잡은 물고기로 회를 떠서 파는 것) 그대로 사용하는 것이 아니라 고객에 맞는 발상의 전환(회센터의 생선을 튀겨 피시 앤드 칩스를 만들어주는 것)이 필요하다. 더 나아가 피시 앤드 칩스를 사 먹는 데 그치는 것이 아니라 아름다운 물치항에서 피시 앤드 칩스를 먹으며 함께 간 친구들과 추억을 만들고, 또래 청년들이 만들어낸 브랜드('남다른 우리들의 마켓, 달라마켓')의 시작에 공감할 수 있는 브랜드 스토리를 만들어내는 것이 필요하다.

학생들이 물치항에 만든 것은 무엇일까? 지역주민과 상생할 수 있는 사업 모델? 튀김 브랜드? 어촌은 청년들이 오기를 바라지만, 청년이 원하는 것이 없는 어촌에는 청년이 가지 않는다. 이 프로젝트는 청년들이 바라는 바다를 만든 것이다. 학생들은 강원도 작은 어촌마을에 청년이 공감할 수 있는 이야기와 어촌의 새로운 가능성을 만들었다.

도시가 고유의 문화자원을 가지고 경제 활성화를 달성하기 위해서는 도시 리브랜딩을 통해 구체적인 문화를 창출해야 한다. 그리고 그것을 외부 사람들이 차별성 있게 체험하면서 브랜드 스토리에 공감해야 한다. 그런 과정을 거치면서 경쟁력 있는 문화로 자리 잡아야 한다.

도시가 원하는 사람(거주자, 관광객, 투자자 등 도시마다 다른 형태의 목표 고객이 있다)을 그 도시에 오게 하려면 그들이 원하는 모습이 되어야 한다. 브랜딩에서 고객은 매우 중요하고 핵심적인 변수다. 이를 생각하지 않으면 바른 답을 찾기 어렵다. 도시가 원하는 고객을 명확하게 설정하고 그에 맞게 도시를 리브랜딩해야 하는 이유다.

  도시가 가진 자원과 자산을 바탕으로 고객이 원하는 이야기를 만들어야 한다. 실체와 맥락이 없는 브랜드는 오래갈 수 없다. 도시 공간에 켜켜이 쌓인 역사, 문화, 환경 등 도시의 DNA를 파악하고 도시 리브랜딩에 적극 활용해야 한다.

3부
커뮤니티+로컬+도시

15 로컬 브랜드와 도시 이미지

"로컬은 글로벌의 반대 개념이 아니라 1 대 1의 개념이다."

일본을 대표하는 디자이너 하라 겐야(原研哉)가 자신의 책 《저공비행》에서 언급한 말이다. 세계가 점점 글로벌화되고 있지만 그럴수록 개별적인 장소에서만 경험할 수 있는 '오리지널리티'가 중요해진다는 의미로 해석할 수 있다.

로컬 브랜드가 자신만의 개성으로 차별화를 만들어낼 때 지역의 대표 공간이 되고 나아가 도시를 상징하는 대표 브랜드가 된다. 그리고 이런 로컬 기반 브랜드가 글로벌로 나아갈 때 도시를 대표하는 아이콘으로 부상하기도 한다.

우리는 공간에서 벗어나 살 수 없다. 삶의 기반이 되는 공간은 집과 같이 익숙하고 편안한 것도

블루보틀, 오클랜드 © star5112, Wikimedia Commons

필요하지만, 낯설고 이색적인 공간을 체험하고 싶은 것도 인간의 욕망 가운데 하나다. 취향과 경험이 소비시장의 가장 중요한 가치로 떠오르면서 가치 있는 철학과 흥미로운 스토리로 무장한 로컬 브랜드가 부상하고 있다.

대체 불가능한 로컬 브랜드의 등장

소비자의 취향이 갈수록 세분화되고 다양해지면서 평준화된 소비보다 차별화된 경험을 중시하는 트렌드가 생겨났다. 이런 변화 속에서 눈에 띄는 점은 대기업 브랜드가 시장을 장악했던 예전과는 달리 시간이 지날수록 로컬 브랜드가 트렌드를 선도해가고 있다는 것이다.

'커피계의 애플'로 불리는 '블루보틀(Blue Bottle)'. 시작은 소수의 마니아들이 즐겨 마셨던 미국 캘리포니아의 로컬 브랜드였다. 블루보틀은 로스팅한 지 48시간 이내의 싱글 오리진(한 가지 원두로만 내린 커피)으로 차별화했다. 이내 세련되고 멋진 사람들이 즐기는 브랜드로 인식되었다. 매장 안에서는 미니멀한 블루보틀의 로고가 새겨진 굿즈도 판매한다. 스타벅스와는 또 다른, 트렌드 세터들이 애호하는 커피 브랜드로 성장했다.

패션 브랜드 '스타일난다'부터 선글라스 브랜드 '젠틀몬스터'까지 세계적인 브랜드로 성장한 아이템들도 시작은 홍대 앞 골목상권이었다. 제품이 부족하고 선택의 폭이 좁았던 시절에는 필요에 의한 목적 구매가 많았다. 지금은 목적 구매보다는 가치 소비로 패러다임이 바뀌었다. 소비자들은 기업과 제품이 사회에

인천 개항로 프로젝트 ⓒ 이창길

개항로 맥주를 만드는 인천맥주 양조장 ⓒ 이창길

미치는 영향을 고려하며 가치 중심의 소비를 하고 있다.

  브랜드가 추구하는 가치와 소비자가 추구하는 가치가 일치할 때 소비가 일어난다. 이런 소비는 브랜드의 신뢰도와 충성도를 높이는 팬덤 현상을 불러왔다. '스타일난다'와 '젠틀몬스터'는 이런 팬덤을 등에 업고 글로벌 브랜드로 성장했다. 대체 불가능한 로컬 브랜드의 등장은 그 브랜드가 생겨난 지역까지 함께 관심을 받는 후광 효과를 낳았다.

'유니크 브랜드'의 시대

  로컬 브랜드가 주목받는 이유는 소비자의 의식이 높아졌기 때문이다. 소비자의 가치관에 맞는 브랜드가 각광받는 것은 자연스러운 소비 흐름이다. 요즘은 브랜드로 나를 표현하려는 사람들이 늘고 있다. 자신이 지향하는 라이프스타일과 가치에 맞는 제품을 구매한다. 가치 지향적인 로컬 브랜드가 주목받는 이유다.

  인천의 핫플레이스 개항로에는 그곳에서만 파는 맥주가 있다. 거리 이름과 똑같은 네이밍의 '개항로 맥주'는 지역 한정판이다. 그곳에 가야만 살 수 있다는 희소성 때문에 가치와 인기가 높아지고 있다.

  오래된 건물을 리모델링해서 새로운 가치를 만들어내는 시도는 여러 지역에서 나타나고 있다. 1970년대 신발공장을 개조해 만든 카페 '앤트러사이트' 합정점이나 경동시장의 주가를 높여놓은 '스타벅스 경동 1960'은 인스타그램 사진 맛집으로도 유명세를 타고 있다.

  상품은 복제가 가능하지만 그 지역에서 사람들이 직접 체험하는 브랜드 경험은 복제할 수 없다.

이를 잘 보여주는 대표적인 브랜드가 로컬 편집숍 '디앤디파트먼트(D&DEPARTMENT)'다. 일본에서 시작된 브랜드인데, 우리나라에서는 서울 한남동과 제주에 매장이 있다.

"세월의 흐름과 더불어 아름다워지지 못하는 물건은 시시하다." '디앤디파트먼트' 창업자 나가오카 겐메이(長岡賢明)의 말이다. 디앤디파트먼트는 '롱 라이프 디자인(long life design)(오랜 기간 쓸 수 있는 긴 생명력을 가진 디자인)'과 '지역다움'을 추구한다.

좋은 제품은 결국 일상생활에서 오래 살아남은 물건이라고도 할 수 있다. 디앤디파트먼트에서는 송월타올, 이태리타올, 모나미같이 오랜 기간 동안 지역의 장소성을 반영한 브랜드●들을 판매한다. 디앤디파트먼트 제주점의 경우 제주의 제철 식재료로 제주의 식문화를 새롭게 해석한 식당을 운영하고, 향토기업 및 생산자와 협업해 생산된 제주의 특산물, 롱 라이프 디자인이 반영된 가구와 생활용품을 전시하고 판매한다. 워케이션(workation: work+vacation) 숙박 공간도 마련되어 제주의 지역적 특색을 한 공간에서 경험할 수 있다.

● 1960년 광신화학공업사(지금의 모나미)가 설립되어 1963년 '모나미 볼펜'과 '모나미 싸인펜'을 생산하기 시작했다. 60년이 넘은 지금까지 생산 초기 모양을 그대로 간직한 필기도구다. 같은 해 '이태리타올'이 처음 나와 때밀이용 수건을 지칭하는 보통명사가 되었다. 특허권이 소멸된 1970년부터 송월타올이 자사 브랜드로 생산을 시작했다. 송월타올은 1949년 설립된 국내 1위 수건 제조업체다.

로컬, 도시의 이미지가 되다

　더 좋은 제품으로 적게 소비하고 오래 사용하는 라이프스타일을 원하는 요즘 소비자에게 지역과 결합한 특색 있는 로컬 브랜드는 굉장히 매력적이다. 따라서 '작게 생각하는 것이 크게 생각하는 것'이라는 로컬 브랜드의 성공 사례가 늘고 있다. 지역다움을 기반으로 하는 로컬 브랜드는 전통과 자연, 문화를 기반으로 성장했다는 특징이 있다. 그리고 현지인을 고용해서 지역경제 활성화에 기여한다. 성공한 로컬 브랜드는 지역의 정체성을 기반으로 고유한 콘텐츠를 만들어 전국적인 평판을 얻는 경우다. 대전의 성심당, 군산의 이성당, 강릉의 테라로사, 부산의 삼진어묵 등이 대표적인 '전국구' 로컬 브랜드다.

　대전의 번화가인 은행동 한복판에 위치한 '성심당' 본점. 대전에 가본 사람이라면 성심당의 유명한 튀김소보로를 사기 위해 줄을 선 경험이 있을 것이다. 대전역에서 기차를 기다리는 사람들의 손에도 성심당 빵이 담긴 쇼핑백이 하나씩 들려 있다. 브랜드 관점에서 이것은 무엇을 의미할까?

　전 세계적으로 이름난 글로벌 기업도 지역의 산물이다. 이베이, 에어비앤비, 우버는 현재 각 산업군을 대표하는 글로벌 빅 브랜드다. 그러나 이 브랜드들도 처음에는 실리콘밸리에서 라이프스타일 기업으로 작게 시작했다. 이런 거대기업의 사례가 아니더라도 지역에서 시작한 로컬 브랜드의 성공 사례는 많은 시사점을 준다.

　샌프란시스코를 대표하는 프리미엄 수제버거 '슈퍼두퍼(Super Duper)'는 한국을 비롯한 아시아 시장으로 확장하며 샌프란시스코의 정체성을 전 세계로 넓혀가고 있다. 라이프스타일 매거진 〈킨포크(Kinfolk)〉와 '에이스 호텔(Ace Hotel)'은 포틀랜드를 힙스터와 미니멀라이프를 추구하는 사람들의 도시로 각인시켰다.

'지역다움'으로 무장한 개성 있는 브랜드가 글로벌 브랜드로 성장할 수 있는 가능성이 커진 만큼 한국의 로컬 브랜드들도 슈퍼두퍼와 〈킨포크〉, 에이스 호텔과 같이 지역에서 시작해 로컬의 정체성을 유지하며 다수의 지역으로 진출하거나 로컬 브랜드 모델을 현지화하여 글로벌 시장에서 활약하길 기대해본다.

16 도시를 살리는 '해답'

아무래도 난 돌아가야겠어
이곳은 나에게 어울리지 않아
화려한 유혹 속에서 웃고 있지만
모든 것이 낯설기만 해

가수 로이킴이 부른 '서울 이곳은'의 가사 일부다. 빽빽한 빌딩, 도로에 가득 찬 자동차, 각자 갈 길 가느라 무심한 눈빛들, 미세먼지로 뒤덮인 하늘, 쉼과 여유가 부족한 도시생활에 지친 현대인들. '워라밸', '저녁이 있는 삶'이라는 말도 삶의 질이 나아지기를 바라는 마음에서 시작되었다. 도시에 사는 사람들은 로컬(지방)에서의 삶을 꿈꾼다.

직장, 주거, 교육 등 현실적인 제약으로 당장 생활 터전을 로컬로 옮기진 못하더라도,

워케이션(workation), 주말농장, 별장 생활 등 다양한 형태로 지역과 관계를 맺고 살아가려는 사람들이 꾸준히 늘어나고 있다.

지역 거주민 말고도 출퇴근, 관광, 의료, 등하교 등의 목적으로 지역을 찾는 사람을 모두 포함하는 '생활인구' 제도가 2023년부터 시행되었다. 지역에 한 달 1회 이상 체류하는 사람과 외국인을 모두 지역 인구로 포함하는 개념이다. 제주 이민이나 귀농·귀촌이 활성화되는 이유도 로컬 지향적인 삶과 정부의 지역소멸에 대한 지원 대책이 맞물려서다. 이는 비단 우리나라뿐만 아니라 전 세계적인 현상이다.

지역소멸의 위기

우리나라는 인구감소로 인한 지역소멸이라는 위기에 직면해 있다. 특히 어촌에서는 2045년에 현재 어부 인구의 80퍼센트 이상이 사라질 것이라는 한국해양수산개발원의 보고서도 나왔다. 어촌을 비롯해 농촌, 작은 중소도시가 모두 지역소멸 사정권에 들어와 있다. 그렇다면 지역소멸은 인구감소로 인한 문제일까. 인구가 감소하는 것보다는 중앙집중적이고 다양성을 잃어가는 도시와 지역의 문제가 더 심각하고 중요한 것 아닐까.

브랜드는 '내가 소유한 것'이라는 표지에서 시작되었다. 현대사회에서 브랜드가 중요해진 것은 소비자에게 다양한 선택의 기회가 주어지면서부터다. 쌀을 사야 하는데 쌀을 파는 업체가 한 곳이면 브랜드는 필요가 없다. 선택의 여지가 없기 때문이다. 많은 업체를 통해 다양한 쌀을 살 수 있게 되면서 더 맛있고 가성비가 좋으면서도 환경을 더 생각하는 쌀 브랜드를 찾게 되었다.

도시나 지역도 마찬가지다. 평생 한곳에 정주하며 살아가는 사람은 많지 않다. 교통도 편리해졌고, 직업도 다양해졌고, 생활 수준도 높아졌고, 교육 수준도 높아졌기 때문에 사람들은 각자의 삶을 더 충실하고 재미있게 살 수 있는 곳을 찾아 자유롭게 이동하는 유목민 같은 삶을 동경하고 지향한다.

이제 지역은 사람들을 불러 모을 매력이 필요하다. 그런 매력은 50층이 넘는 아파트를 짓고, 아스팔트 도로를 만들고, 지역을 수직·수평으로 나눠 교통이 편리하게 구획하는 하드웨어적인 도시재생만으로는 만들어내기가 불가능하다. 많은 신도시가 베드타운(bed town)(자체적인 생산기능은 미비한 채, 주로 주택지구만 대단위로 형성되어 주거지 기능만을 수행하는 도시)으로 전락한 것을 보면, 하드웨어적인 편리함이 사람이 살아가는 데 필요한 최상의 가치가 아니라는 것이 이미 증명되었다.

인구는 갑자기 늘어나기 힘들다. 어느 도시나 지역도 지역소멸 위기에서 자유롭지 못하다. 예측 가능한 인구를 갑자기 늘릴 길이 없다면, 이제 도시와 지역은 무엇을 고민하고 실천해야 할까? 사람들이 다양한 지역과 관계를 맺고 여러 곳에서 활동할 수 있다면 지역은 어떻게 바뀌게 될까?

N잡러(생계유지를 위한 본업 말고도 개인의 자아실현을 위해 여러 직업을 가진 사람)의 시대라고 할 만큼 하나의 직업을 갖고 사는 사람보다 여러 직업을 가진 사람들이 많아지고 있다. 태어난 고향, 직장이 있는 도시에만

머무는 것이 아니라 제2, 제3의 직업 혹은 취미생활, 봉사활동을 통해 다양한 지역에 걸쳐 생활하는 사람이 많아진다면 인구감소와는 별개로 지역소멸의 위기는 새로운 해법을 찾을 수 있지 않을까? 우리는 이런 방식의 인구 분류를 '관계인구(關係人口)'라고 부른다.

관계인구란 특정 지역에 완전히 이주·정착하지 않고, 정기·비정기적으로 지역을 방문하면서 지속적인 관계를 유지하는 사람을 말한다. 이 용어는 일본의 시민활동가 다카하시 히로유키(高橋博之)가 2016년 《도시와 지방을 뒤섞다》라는 책에서 처음 사용했다. 도시에 살면서 농어촌이나 생산자를 지원하는 사람들이 필요하다는 것을 강조하기 위해 언급되었다. 우리나라의 농촌봉사활동처럼 외부에서 농촌을 지원하기 위해 관계를 맺는 사람들을 의미했다.

2017년 일본 야마나시(山梨)현에서는 '야마나시 링키지(linkage)(관계) 프로젝트'를 시작했다. 야마나시현에 거주하지는 않지만, 경제적 공헌이 높고 지역에 대한 애착과 소속감이 있는 사람을 '링키지 인구'라고 정의했다. 이 가운데 지역 거주자, 야마나시현 출신 귀향자, 관광객 등을 6만 명 수준으로 늘리자는 목표를 세웠다. 링키지 인구가 지역경제에 미치는 영향을 연구해 지역 활성화 정책 수립에 활용하겠다는 프로젝트였다.

비슷한 시기에 오다기리 도쿠미(小田切德美) 메이지대 교수는 구체적인 '관계인구' 개념을 제시했다. 지역에서의 봉사활동, 기부, 체류형 관광 등 다양한 방식으로 지역과 교류하며 지역 활성화에 도움을 주는 인구라고 규정했다. 이 이론은 지자체들이 다양한 인구를 포용하기 위해 어떤 정책을 펼쳐야 하는지 알게 해주었다는 평가를 받고 있다.

관계인구는 자기 지역에 살지 않는 인구를 잠시 빌려 온다고 생각하면 된다. 예를 들어보자. 박상희는 경기도 용인시에 위치한 경희대학교 교수이지만, 강원도에 놀러 갔다가 한적한 바닷가 마을이 마음에 들어 둘러보게 되었고, 다시 돌아와서도 그곳이 생각났다. 자신의 전문 분야인 장소 브랜딩 활동과 연계한 프로젝트를 할 수 있지 않을까라는 생각에 이르게 되었고, 강원어촌특화지원센터와 함께 강원도 여러 어촌마을의 지속가능한 경제·관광 활성화 모델을 학생들과 연구하기 시작했다. 2021년에 시작한 어촌 활성화 프로젝트는 매 학기 진행되었고, 또 다른 어촌마을로 확대되면서 50여 개의 프로젝트에 100명이 넘는 학생들이 참여했다. 한 번도 가보지 못한 작은 어촌마을을 답사하며 우리나라 지역에 대해 깊이 있게 알게 된 학생들은 이제 자신이 가고 싶은 어촌 환경을 제안하고 있다.

이들 가운데 일부는 언젠가 그 마을에 가서 창업을 할 수도 있을 것이다. 이런 관계인구의 증가는 무엇을 의미할까? 지역의 존재 자체를 알지 못했기 때문에 무관심의 대상이었던 곳에 '관심'이라는 인식이 생겼고, '관여'라는 행동이 발생하면서 지역에 대한 애착이 커졌다. 그리고 무엇보다 이 지역에 거주할 수도 있는 긴밀한 관계가 만들어졌다는 데 큰 의의가 있다. 관계인구는 사람들이 정주 단계까지 가지 않더라도 빈번한 방문과 지역 소비를 하도록 촉신할 수 있다는 측면에서도 긍정적이다.

로컬에서 희망을 찾다

　선진국의 조건 가운데 빼놓을 수 없는 점은 대도시와 중소도시가 저마다 개성을 갖고 함께 잘 살고 있다는 것이다. 한국은 수도권을 비롯해 대도시의 다양한 지표가 이미 선진국 수준에 도달했다. 그러나 지방에는 낙후된 곳이 여전히 많다. 소도시와 농촌지역의 일자리와 인프라가 열악하다 보니 인구감소와 함께 고령화가 심화되고 있다.

　통계청 조사에 따르면, 2000년 인구소멸 위험지역은 한 곳도 없었지만 2022년 6월 기준으로는 115곳이나 된다. 2050년경에는 전국 228개 시·군·구 전체가 소멸 위험지역에 진입할 것이라는 경고도 나왔다.

　정부와 지자체는 지역에 일자리, 대학, 관광단지 등 대도시에 버금가는 인프라를 만들고 출산장려금 지원, 각종 세제 혜택 등 이른바 '인구 댐'을 만들어 인구 유출을 막기 위해 안간힘을 쓰고 있다. 여기에 더해 연간 1조 원 규모의 지방소멸 대응 기금까지 조성해 지역을 살리기 위한 긴급처방을 내놓고 있다. 하지만 이런 조치는 필요조건이지 필요충분조건은 아니다. 이런 상황에서 지역소멸 위기를 극복할 수 있는 근본적인 방안은 바로 로컬 브랜드 육성이다.

　인구감소와 수도권 집중화로 가속화하는 지역소멸 현상을 막지 못하면, 지역은 물론이고 국가의 미래도 어두울 수밖에 없다. 이런 위기감 속에 2023년 1월부터 '인구감소지역 지원 특별법'이 시행되었다. 정부는 2022년 8월부터 전국 122개 지자체를 대상으로 '지방소멸 대응기금'을 집행해 2031년까지 연 1조

원 규모의 예산을 소멸 위기에 놓인 지자체에 지원할 방침이다.

이런 노력이 인구감소와 지역소멸의 위기에서 벗어나게 해줄 구원두수 역할을 제대로 할 수 있을지는 미지수다. 지역마다 기금 활용에 큰 차별성이 없고, 기금 배분 방식의 기준과 원칙도 모호하다. 지원 규모도 부족해 실효성이 떨어진다는 비판이 나오고 있다. 제도적 지원에만 기댈 것이 아니라 지역주민과 기업, 공공이 함께 지역 활성화를 위한 근본적인 노력을 기울여야 한다.

지역 활성화를 위해서는 '정답'이 아니라 '해답'을 찾아내려는 지혜가 필요하다. 지역이 더불어 잘사는 나라가 될 것인지, 지역 간 격차가 심화되고 인구가 소멸되는 위기의 미래를 맞이할 것인지는 우리의 선택과 노력에 달려 있다.

분명한 것은 로컬 브랜드 육성이 중요한 해답 가운데 하나라는 점이다. 모든 로컬 브랜드가 글로벌 브랜드가 되는 것은 아니지만, 모든 글로벌 브랜드는 로컬 브랜드에서 시작되었다. 로컬 브랜드의 차별적 경쟁력이 세계에서도 독창적 문화로 받아들여진 것이다. 다양한 로컬이 모여 도시의 개성을 만들고, 다양한 도시가 모여 국가의 개성을 만든다. 글로벌과 로컬은 상반된 개념이 아니다. 우리는 글로벌을 바라보는 동시에 로컬을 함께 바라보고, 작은 것부터 단단하게 차별화된 독창성을 다져나가야 한다.

¹⁷ 도시와 지역의 정체성 찾기

성공적인 도시 브랜딩이란 과연 무엇일까? '길게 설명하지 않아도 그 도시를 바로 떠올리게 만드는 것'이라고 정의한다면, 성공적인 도시 브랜딩을 위해서는 지역의 고유한 정체성이 기반이 되어야 한다. 지역을 하나의 브랜드로 인식시키는 정체성을 만드는 방법은 크게 하드웨어적 요소와 소프트웨어적 요소로 구분된다. 하드웨어는 지역의 대표 건축물과 도시재생사업 등이다. 소프트웨어는 협의체 운영, 교육, 문화 콘텐츠, 특산품, 축제, 컨벤션 행사 등 지역이 기존에 보유하거나 새롭게 만들어낸 유·무형의 자원을 활용하는 것이다.

중요한 것은 하드웨어 사업과 소프트웨어 사업이 함께 이루어져야 한다는 것이다. 대형 건축물 같은 하드웨어를 짓기 전에 왜 만들어야 하는지,

사람들에게 어떻게 인식될 것인지, 그리고 하드웨어를 보다 의미 있게 만드는 핵심 요소인 상징과 스토리는 무엇인지를 정확히 파악하고 분석하는 일이다. 지역의 정체성을 나타낼 수 있는 대표 건축물이나 공원 같은 하드웨어로는 거대(Magnus)해서 압도적이거나, 경이로울 정도로(Miracle) 감탄을 자아내거나, 의미(Meaning)가 마음에 와닿아 감동을 주거나, 유희(Merriment)적 요소로 특별한 즐거움을 전달할 수 있는 것이 좋다. 작은 단위의 지역일수록 의미와 유희적 요소를 잘 활용할 필요가 있다.

지역적인 것이 세계적인 것

글로벌 경제의 위험성을 꾸준히 알려온 환경운동가 헬레나 노르베리-호지(Helena Norberg-Hodge)가 40년 넘는 세월 동안 파괴적인 세계화의 여파를 집중 분석해오면서 해법으로 제시한 대안이 로컬, 바로 지역화(localization)였다.

성장을 최우선 과제로 여기던 20세기를 지나면서 환경오염과 기후재난 문제가 심각해졌다. 개인과 사회, 기업과 국가는 모두 '친(親)환경'을 넘어 '필(必)환경'이라는 시대적 요구에 맞닥뜨렸다. 기후위기에 대한 적극적인 대처는 지구촌의 생존이 걸린 문제다. 전문가들 사이에서는 전 세계의 로컬 경제가 튼튼해져야 한다는 공감대가 커지고 있다.

그룹 방탄소년단(BTS)으로 대표되는 케이팝(K-pop)이나 넷플릭스 드라마 〈오징어 게임〉, 〈더 글로리〉 등 한류 콘텐츠의 글로벌 신드롬을 보면서 '가장 한국적인 것이 가장 세계적'이라는 말이 새삼 실감 난다.

우리는 한국전쟁 이후 가난에서 벗어나 고도성장 시기를
거친 뒤 세계화의 거센 물결에 휩쓸렸다. 세계화와
더불어 중앙집중과 효율성을 우선순위에 두다 보니
지역은 소외되었고, 지역 간 격차는 더욱 심해졌다.
　　　　지역적인 것이 세계적인 차원에서도 가치를
지닌다고 한다면, 지역의 정체성을 강조하는 지역화는
개인과 사회에 큰 도움을 준다. 지역에서 생산된
농산물이나 전통주, 중고거래 플랫폼, 혜택 많은
지역화폐, 개성 강한 동네책방 등이 좋은 사례다.
지역화를 통해 유통과정을 줄임으로써 생산자와 소비자
모두에게 경제적으로 이익이 생기고 탄소배출까지
줄어들면서 환경에도 도움이 되는 선순환 구조를
만들어갈 수 있다.

세화리 주민들이 만든 '작은 마을의 기적'

　　　　지역을 튼튼하고 건강하게 만드는 지역화를
위해서는 중앙 중심에서 벗어난 지방 중심의 정책과
주민 참여가 필요하다. 제주도 구좌읍 세화리에서
494명의 주민이 만들어낸 '작은 마을의 기적'은
우리에게 많은 시사점을 준다. 2015년 세화리 마을회는
고령화와 청년인구가 줄어드는 문제에 적극 대처하기
위해 협동조합을 설립했다. 마을회관을 활용해 워케이션
센터를 조성했는데, 이는 지역상생 모델의 대표적인
성공 사례로 꼽힌다.
　　　　이 사업은 세화리 주민들의 커뮤니티 역량을
활용했다. 어린이부터 어르신까지 마을공동체가 함께
참여한 100인의 원탁 토론을 통해 상품판매와 체험관광,
방문객 체류 시설 등을 기획했다. 마을기금을 조성해

거점 공간인 '질그랭이센터'를 만들었다. 이 과정에서 세화리 마을회는 농림축산식품부의 농촌중심지 활성화 사업 지원을 받아 공동 목장, 마을 소유의 부동산 등을 마련했다.

'질그랭이센터' 2층에는 카페 '477+',• 3층에는 공유오피스 공간, 4층에는 전망 좋은 숙소가 들어섰다. 세화리는 거점센터를 만드는 데 그치지 않고, 주민들의 협의를 거쳐 다양한 관련 사업을 추진했다. 어린이 교육 지원, 어르신 건강 지원과 같은 주민 대상 프로그램뿐만 아니라 방문객에게 즐거운 경험을 선물하는 프로젝트도 기획했다. 세화리 전자스탬프 투어를 제공해서 미션에 성공하면 지역상품을 선물로 줬다.

세화리의 지역 활성화 사업은 직접적이고 수평적인 의사소통을 통해 주민들의 공감을 얻으며 진행되었다. 2022년 한 해 동안 질그랭이센터를 방문한 사람은 28만 명이 넘었고, 4억 원의 매출을 기록했다. 지역의 사정을 누구보다 잘 알고 있는 주민들이 직접 지역 활성화 사업에 참여하면서 세화리만의 차별화된 특성을 살려나갈 수 있었고 지역화의 핵심인 경제적 자립의 토대도 만들어졌다. 더불어 주민들의 소속감과 결속력도 높아졌다.

'사투리 브랜드'의 유쾌한 발상

'동피랑 벽화마을'로 유명한 통영시는 국가무형문화재 공연인 승전무, 통영오광대, 남해안

• 마을협동조합 설립에 참여한 주민 숫자가 477명이다. 뒤에 붙은 +는 향후 합류할 조합원 및 방문객을 상징한다.

별신굿과 같은 민속문화와 무형문화유산이 있고, 세계적인 작곡가 윤이상 선생의 체취가 남아 있는 곳이다. 통영국제음악제 또한 대표적인 음악축제로 발돋움했다. 통영시는 2015년 12월 유네스코 '음악 창의도시'로 선정되면서 '문화도시'의 명성을 쌓아가고 있다.

석탄산업의 사양으로 낙후된 대표적 폐광 지역인 강원도 정선에는 경제 부흥을 목적으로 1998년 강원랜드가 들어섰다. 한국인이 합법적으로 이용할 수 있는 유일한 내국인 카지노다. 정선은 한국의 라스베이거스로 불리며 다른 도시와 절대적인 차별성을 갖게 되었다. 강력한 하드웨어는 도시가 곧 브랜드로 인식되게끔 한다.

마케팅의 시대에서 브랜딩의 시대로 변했다. 판매자가 제품과 서비스를 어필하는 시대에서 소비자가 제품과 서비스를 먼저 인식하고 소비 경험을 인증하는 시대로 바뀐 것이다. 그렇다면 도시 브랜딩에서 주목해야 할 것은 지역의 정체성이다. 그리고 한번 만들어진 정체성은 가능한 한 오랫동안 유지하면서 발전시켜나가는 것이 바람직하다.

경험의 가치가 방문에 의한 직접 체험이 아니라 생활문화로도 가능하다는 것을 보여주는 사례도 있다. 광주광역시 송정역 시장의 명물로 떠오른 로컬 브랜드 매장 '역서사소'는 유쾌한 발상의 전환으로 관심을 모았다. '역서사소'는 아날로그 감성을 담은 디자인 문구 브랜드인데 전라도 말로 '여기서 사세요'라는 뜻이다. 이곳에서는 가방, 달력, 연필 등 일상생활에서 흔히 쓰는 물건에 사투리를 '담아서' 판다. 읽는 재미를 더하는 동시에 지역 언어(사투리)에 대한 이해를 높이고 있다.

광주에서 태어나고 자란 '역서사소' 김진아 대표는 자신만의 브랜드를 만들기 위해 고민하다가 문득 자신의 '경험'에서 착안했다. 김 대표는 평소에는 전라도 사투리를 사용하지만 지역을 벗어나면 말을 아꼈다. 전라도 말이 우습고 억척스러운 이미지로 느껴졌기 때문이다. 하지만 발상을 전환해 지역 언어의 차별성과 정체성을 살려보기로 했다. '사투리 브랜드'로 정면승부를 건 것이다.

'역서사소'는 화려한 디자인보다는 '말'을 잘 담아내는 데 집중했다. 가방, 달력 등 일상생활에서 사용하는 물건을 통해 사투리를 꾸준히 접하다 보면 사라질 위기에 처한 말이나 단어가 기억될 수 있다고 믿었기 때문이다. 애써 감추려 했던 사투리가 '힙'한 상품이 되면서 차별화된 지역의 특색으로 긍정적이고 새로운 가치를 창출하고 있다.

오프라인이든 온라인이든 우리 삶의 질이 나아질수록 브랜드로서의 로컬은 더욱 중요해질 것이다. 로컬에서 정체성 찾기는 '나를 잘 들여다보기'에서 출발한다. 브랜딩이 잘된 다른 도시를 벤치마킹한다고 해서 그 도시의 정체성이 찾아지는 것은 아니다. 현재의 라이프스타일에 맞춰 사람들이 얼마나 공감할 수 있도록 하느냐가 성공과 실패를 가른다. 도시와 지역의 고유한 '정체성 찾기'는 지역소멸을 막기 위한, 아니 적어도 늦추기 위한 첫걸음이다. 이 정체성 찾기가 도시 리브랜딩의 시작이다. 죽은 도시에 숨을 불어넣고 도시와 국가를 넘어 글로벌 브랜드로 성장할 수 있는 든든한 초석이 된다.

¹⁸ 커뮤니티 디자인과 도시재생

　　한국이 경제성장을 거듭하던 시기에 지어졌을
법한 단층주택이 오밀조밀 모여 있는 충청남도 공주시
봉황동 좁은 골목길 담벼락에는 그 집이 지어진 연도가
적혀 있다. 1976, 1984, 1990……. 너무 튀지도 않고,
그렇다고 잘 안 보이는 것도 아닌 크기와 색깔로
골목길과 조화를 이루고 있다. 공주시 제민천을
중심으로 진행되고 있는 도시재생의 모습이다.
　　봉황동에는 '봉황재'라는 한옥스테이가 있다.
'퍼즐랩' 권오상 대표가 운영하는 이곳은 작은 뜰을
가진 고즈넉한 한옥이다. 이곳에서 느지막이 일어나
느릿느릿 길을 나선다. 제민천 인근에 있는 빵집과
카페에 들러 식구들이 먹을 브런치를 준비할 생각이다.
별 기대 없이 걷던 골목길에서 그 집이 지어진 연도를
하나씩 발견한다. 사람들은 '나와 같은 나이의 건물은

어디 있지?' 하며 오래된 골목길을 즐겁게 걷고 이야기를 나눈다. 10여 분이면 도착할 거리지만 골목길 여기저기를 돌아다니며 구경하는 재미가 있다.

그렇게 도착한 제민천에는 반려견과 산책하는 젊은 커플, 인근 노천카페와 산책로에 앉아 책을 읽는 사람들이 있다. 우리나라 4대 고도(古都)(경주·공주·부여·익산) 가운데 하나인 수학여행지로만 생각하면 오산이다. 공주에는 오래된 건물과 예스러운 풍경과는 달리 젊은이들이 많이 있다. 이 젊은 사람들은 다 어디에서 왔을까?

공주시는 인구 10만 명가량의 작은 도시다. 2025년이면 10만 명 선이 깨질 것이라는 예측이 나오는 인구소멸 위험 도시이기도 하다. 공주시는 인구소멸에 대응하기 위해 다양한 정책을 펼치고 있다. 2014년에는 '제민천 생태하천 조성 공사'를 마치고 '제민천을 따라 흐르는 문화골목 만들기' 사업을 추진했다.

하드웨어 중심의 도시재생이 아니라 소프트웨어 중심의 '문화를 통한' 도시재생이 시작되면서 제민천 주변은 삶의 환경이 조금씩 나아지기 시작했다. 옛것은 옛것대로 매력적으로 남아 있고, 새롭게 필요한 도시 콘텐츠도 하나둘씩 채워지면서 이 지역에 매력을 느낀 사람들이 모여들었다.

'봉황재'와 '와플학당'의 특별함

'퍼즐랩'의 권오상 대표와 '다이얼팩토리'의 이병성 대표가 그런 사람들이다. 권 대표는 안정적인 공기업에 다니던 직장인이었는데, 아내의 친정이 있는 공주를 종종 방문하다가 제민천의 아름다움과 고즈넉한 한옥 '봉황재'에 마음을 빼앗겼다. 그는 회사를 그만두고 '봉황재'를 매입해 한옥스테이를 시작했다. 그들은 공주시 곳곳의 유휴공간을 활용해 다양한 활동을 진행하고 있다.

특별하지 않은 일상을 실천하는 일, 예를 들면 독서, 요가, 조깅과 같은 소모임 활동을 지역주민과 함께 끊임없이 만들어냈다. 소소한 일상 콘텐츠가 차츰 외부로 알려졌다. 서울부터 제주까지 다양한 도시에서 온 젊은이들이 짧게는 몇 시간, 길게는 며칠을 '봉황재'에서 머무르며 커뮤니티 활동을 즐겼다.

'퍼즐랩'은 '봉황재'를 시작으로 커뮤니티 호텔 '슬로크루즈', 공주 하숙문화의 모습을 간직한 공유 숙소 '버드나무빌', 청년 창업 실험실 '노인회관', '마을스테이 안내소' 등을 운영하고 있다. 마을스테이는 마을 내에 있는 숙박, 카페, 갤러리 공간 등을 수평적으로 연결해 마치 하나의 테마파크에 온 것처럼 즐길 수 있는 마을 여행 브랜드다. 마을스테이에서는 방문객에게 마을 투어, 워크숍, 주민 교류회, 커뮤니티 교육 등 다양한 활동을 제안하고 제공한다. 지역살이 프로그램, 공유공간 기획·운영 등 퍼즐랩의 테마형 커뮤니티 활동은 공주시에 다양한 문화 콘텐츠를 입히고 있다.

'다이얼팩토리' 이병성 대표는 공대를 졸업하고 대기업에서 10년 넘게 근무하다가 공주시에 왔다. 가족들은 서울에 거주하고 이 대표는 일주일에 4~5일 공주시에 머물며 커뮤니티 활동을 기획하고 실행한다. 회사를 다닐 때도 독서클럽을 만들어 운영할 정도로 사람들과의 교유를 좋아했던 그는 제민천 일대에서도 독서클럽뿐만 아니라 다양한 협업 프로젝트를 진행하고

한옥스테이 봉황재 ⓒ 퍼즐랩

슬로크루즈 ⓒ 퍼즐랩

마을스테이 ⓒ 퍼즐랩

있다.

　　이 대표는 '와플학당 코러닝스페이스'를 운영한다. 이 공간에는 창업을 준비하는 청년을 위한 멘토링 프로그램이 있는데, 공주 지역 건축가, 로컬 크리에이터 등 지역 창업 전문가들이 멘토로 참여하고 있다. '브랜드'와 '세무회계' 등을 주제로 고민이나 어려움을 이야기하고, 학습을 위주로 토론하며 서로를 응원할 수 있는 코워킹 커뮤니티를 만들었다. 공간기획 워크숍, 로컬 커뮤니티 활성화 포럼, 공주예술힐링여행 등을 기획했다. 스튜디오-디(Studio-D)를 통해서는 청년 예술가와 창작자의 콘텐츠를 선보이며 예술가들의 협업을 지원하고 있다.

　　권오상 대표나 이병성 대표뿐만 아니라 공주시에 정착한 다양한 로컬 크리에이터들을 살펴보면, 이들이 쏟은 전체 사업비 가운데 건물 리모델링에 투자한 비중은 낮다. 문화를 중심으로 하는 커뮤니티에 무게중심을 두고 도시재생에 참여한 것이다. 사람들에게 방문해야 할 동기를 부여하고, 차별화된 콘텐츠를 지속적으로 개발하는 데 힘을 쏟고 있다.

　　공주시 제민천에서 새로운 문화 콘텐츠를 경험한 젊은이들은 일상에 지친 심신을 회복하기 위해 다시 공주시를 찾는다. 어떤 이들은 공주시에 정착해 독립서점, 디자인 스튜디오, 요가 클래스, 프랑스 음식점 등을 창업하고 있다. 더욱 놀라운 것은 공주시 반죽동(청년들이 모이기 시작한 공주시의 법정동명은 반죽동, 봉황동, 중동 등이다. 그러나 제민천 마을로 더 알려져 있다) 등을 걷다 보면 모르는 사람에게 먼저 인사하는 젊은이가 많이 보인다는 점이다. 자전거를 타고 가던

이가 길을 걷는 이에게 인사하고, 젊은이가 가게에 들어와 불쑥 인사하고 가는 풍경이 낯설지 않다. 이들은 요가, 독서 등 다양한 커뮤니티로 연결된 사람들이다.

하드웨어 재생을 통해 수직 고층건물이 많이 들어선 신도시와 달리 단층짜리 건물이 수평적으로 즐비한 동네에서 커뮤니티 활동이 일어나면서 생겨난 변화다. 미국의 도시사회학자 제인 제이컵스(Jane Jacobs)는 도시의 안전과 활력을 위해 가장 중요한 것이 수평구조라고 말했다. 수직구조의 고층건물과 달리 주택들이 수평구조로 모여 있는 지역은 1층의 창문(혹은 대문) 너머로 동네 아이들이 노는 풍경을 바라보며 아이에게 생기는 여러 안전 문제를 서로가 감시하고 아이를 지켜줄 수 있는 환경이라는 것이다. 결국 수평구조에서는 이동하는 사람들이 가로환경에 노출됨으로써 이웃 간 소통이 훨씬 원활할 뿐만 아니라 서로의 문제에 관여하고 해결하기가 더 수월하다는 것이다.

함께 성장하는 지역 커뮤니티의 힘

'더루트컴퍼니' 김지우 대표는 강원도 강릉시가 고향이지만 울산에서 대학 생활을 했다. 두 번의 창업을 했고, 서울에서는 소셜벤처를 육성하는 회사에 다녔다. 출장 때문에 부산을 방문했다가 해운대를 즐기는 젊은 관광객들을 보고 '부산 바다는 강원도 바다와 다르게 젊다'는 생각을 했다. 그리고 어떻게 하면 고향 강원도를 젊어지게 할 수 있을까 고민했다.

김 대표는 2017년 강릉에서 '더웨이브컴퍼니'를 창업했다. 로컬 크리에이터를 위한 코워킹(coworking)(협업) 스페이스 '파도살롱'을 만들어 강원도를 포함해 100개 팀 이상의 지역 브랜드, 로컬 크리에이터 인큐베이팅을 진행했다. 1950년대부터 농사와 흑염소 사육을 하던 강원도 평창군 미탄면 '산너미목장'의 정체성을 농업·축산업을 중심으로 한 융복합 라이프스타일 팜(farm)(농장)으로 재정립하고, 농촌에 청년세대가 유입될 수 있는 모델을 만들었다. 차박과 캠핑 모델을 만들고, 팜크닉(farmcnic: farm+picnic) 체험, 농촌 한 달 살기, 워케이션 프로그램 등을 선보였다. '다른 곳에서 경험하기 힘든' 차별화된 지역 콘텐츠를 비즈니스 모델로 만들었다. 600마지기에 달하는 산너미목장은 '차박 성지'로 알려지면서 새로운 변화를 맞이하고 있다.

  김 대표는 '산너미산장' 같은 콘텐츠 공간 개발을 통해 지역 귀사촌, 유턴족(자신이 태어난 곳으로 다시 돌아와 사업을 하는 사람), 청년 농업·임업인과의 커뮤니티 활동 및 협업을 펼치면서 지역재생 프로젝트를 지속적으로 진행하고 있다.

  김 대표는 사회문제 해결을 시도하는 소셜 임팩트 비즈니스(social impact business)(사회적으로 좋은 영향을 미치는 사업) 스타트업 '더루트컴퍼니'를 2021년 창업했다. 강원도 강릉시의 특산물인 감자를 알리고, 품종 개량과 새로운 재배기법의 연구·개발에 힘쓰고 있다. 식료품 상점과 식당을 겸한 '감자유원지'는 지역 명소가 되었다. 상품성이 없어 버려지던 못난이 감자를 가공해 부가가치 높은 상품으로 만듦으로써 농가의 이중고를 해결하고 지속적인 수익구조까지 만들어냈다.

  개인이 지역을 바꿀 수 있는 시작점을 만들 수는

있다. 하지만 지역을 바꾸기 위해서는 지역 커뮤니티 같은 공동체가 함께 움직여야 한다. 김 대표는 2년 만에 파트너 농가의 매출을 평균 18퍼센트 이상 성장시켰다. 개인뿐만 아니라 지역 농가, 지자체, 제품 개발 전문가 등이 함께 노력해 일궈낸 성과다. 비슷한 가치관을 갖고 지역에 정착한 창업가, 지역주민과 공감대를 만들고 공론화 과정을 거친 결과다.

우리나라에도 잘 알려진 일본의 커뮤니티 디자이너 야마자키 료(山崎亮)는 《커뮤니티 디자인》에서 이렇게 말했다. "무언가를 만들겠다는 생각을 멈추자 사람이 보였다. 좋은 장소는 그곳에 사는 사람의 삶과 생활이 쌓여 만들어진다. 그렇기 때문에 공간을 디자인하려면 사람과 그 생활에서부터 접근해야 한다."

지금까지 우리 사회는 한국전쟁 이후 폐허 속에서 살기 좋은 나라·도시·지역을 만들겠다는 일념으로 달려왔다. 개발도상국을 지나 선진국 대열에 접어들면서 이제 '성장'이라는 키워드 너머를 생각해야 할 시기가 되었다. 과거가 하드웨어 중심이었다면, 미래는 소프트웨어 중심의 내실이 필요하다.

경쟁과 성장보다는 공생하는 관계에 주목해야 하는 시대가 되었다. 지역에서 일어나는 커뮤니티 디자인도 이런 맥락이다. 우리 가게 하나만 잘되면 된다, 혹은 우리 지역만 잘살면 된다는 의식을 뛰어넘어 관계 맺기와 협업을 통해 지역의 가치를 함께 만들어가야만 지속가능성을 담보할 수 있다는 것을 배우게 되었다.

맛집에 온 것을 자랑하려고 사진을 찍는 방문객을 유치하기 위해 내 가게를 잘 만들고 홍보하는 것도 중요하다. 하지만 내 가게가 속한 거리와 지역이 함께 잘살기 위해서는 다양한 콘텐츠와 지역의 차별성을 만들어낼 수 있는 창조적인 커뮤니티가 필요하고, 무엇보다 사람들이 오래 머물고 싶어 하는 지역이 되는 것이 더욱 중요하다.

제러미 리프킨(Jeremy Rifkin)은 《회복력 시대》에서 '효율성에서 적응성으로', '생산성에서 재생성으로', '성장에서 번영으로', '소유권에서 접근권으로', '판매자-구매자 시장에서 공급자-사용자 네트워크로', '수직통합형 규모의 경제에서 수평통합형 규모의 경제로', '중앙집중형 가치사슬에서 분산형 가치사슬로'의 변화를 강조했다. 지역의 발전도 리프킨의 이런 관점에서 바라보는 것이 유효하다. 효율적인 중앙집중화가 지역에 어떤 영향을 미쳤는지 우리는 지금 여러 가지 문제를 목도하고 있다. 지역의 특성은 사라지고 문화의 다양성은 훼손되었다. 인구집중 문제로 인해 쓰레기, 매연 등 환경문제가 심각하고, 경제활동 역시 중앙에 집중되면서 소득 격차가 심화되었으며, 대학 및 교육 역시 지역 간 편차가 커지게 되었다. 다양하고 차별화된 지역 고유의 가치를 지키고, 지역 간의 네트워크를 통해 도시와 국가의 경쟁력을 키워야 한다. 우리가 지역과 도시를 리브랜딩하는 이유는 각 장소의 고유성과 강점을 잘 살리고, 차별화된 장소들이 모여 다양성을 포용하고, 문화적으로 탄탄한 대한민국을 만들기 위해서다.

'온리 원' 도시를 만드는 커뮤니티 디자인

코로나 팬데믹을 거치면서 우리는 지역의 가치를 새롭게 바라볼 수 있는 계기를 얻었다. 타의에 의해 네트워크가 단절됨으로써 고통을 겪었던 코로나 시기는 역설적으로 우리 지역에서 생산되는 농·수산물의 중요성, 생필품의 중요성, 그리고 우리가 가보지 못한 다양한 지역의 매력을 절실하게 느끼게 해준 소중한 시간이었다.

중앙정부와 지방자치단체들도 지역의 중요성을 인식하고 정책과 지원의 폭을 넓히고 있다. 문화체육관광부의 '문화도시', 해양수산부의 '어촌신활력증진사업', 중소벤처기업부의 '로컬크리에이터 정책' 등이 대표적이다. 지역 특성에 맞게 여러 정책을 잘 활용해 지역다움을 만들어내야 한다.

지역들이 동일한 가치를 바탕으로 브랜딩한다면 그 가운데 가장 나은 지역이 어디인지 순위가 매겨질 수밖에 없다. 그러나 각 지역이 차별적 경쟁력을 바탕으로 저마다 다른 길을 간다면 다른 지역과 비교되는 게 아니라 유일한 지역이 될 수 있다. 우리 지역은 '베스트 원(best one)'의 무한경쟁에 빠져들 것인가, '온리 원(only one)'의 상생을 택할 것인가. 최고의 브랜드는 경쟁자가 쫓아올 수 없는 차별적 경쟁력을 가진 브랜드다. 우리나라 각 지역이 모두 '온리 원'의 가치를 지닌 브랜드가 되기를 간절히 소망한다.

¹⁹ 사라지는 도시, 살고 싶은 도시

'공공(公共)공간'은 말 그대로 시민들이 다 함께 이용하고 상호관계를 맺으며 도시문화를 만들어가는 곳이다. 도시의 공공공간은 길, 시장, 광장 등 시민들을 연결해주는 물리적 환경을 제공할 뿐만 아니라 만남, 휴식, 축제 등 커뮤니티 활동을 전개할 수 있는 사회적 환경을 마련해준다.

시민들의 힘과 노력으로 만든 최초의 공공공원은 1843년 조성된 영국 리버풀의 버컨헤드(Birkenhead) 공원이다. 공공기관에서 만든, 시민을 위한 최초의 도시공원은 1876년 문을 연 미국 뉴욕의 센트럴 파크(Central Park)다. 우리나라 최초의 공공공원은 1889년 인천시에 거주하는 외국인들을 위해 만든 만국공원(현재의 인천 자유공원)이다.

도시공원은 산업혁명 이후 급속한 도시의

성장과정에서 발생한 환경문제의 해결, 시민들의 휴식과 건강 증진이라는 시대적 요구로 만들어진 공간이다. 일하는 사람들의 근무 환경이 개선되고 여가 시간이 늘어나는 등 삶의 패턴이 바뀌면서 도시공원의 기능과 역할은 더욱 중요해졌다. 도시공원은 녹지 공간이자 휴식 공간이라는 역할을 해왔을 뿐만 아니라, 시민들의 자유로운 토론이 가능한 소통의 장으로 발전했다.

  도시에는 많은 사람이 모여 있고 건물도 밀집해 있다. 다양한 교통수단이 쉴 새 없이 움직인다. 도시의 밀집된 생활은 도시 거주자의 밀도를 높인다. 이런 환경 조건은 도시건축 구조에도 반영되어 규모의 경제를 만들어낼 뿐만 아니라 도시 인프라를 효율적으로 활용하게끔 유도한다.

  도시의 역동성과 확장성은 도시자본을 불리는 중요한 요인이기도 하지만, 환경문제를 발생시키는 주요 원인이기도 하다. 대다수 도시들은 환경문제를 해결하기 위한 방안을 심도 있게 고민할 수밖에 없다. 지금까지 환경오염의 주범이었던 세계 도시들은 환경친화적인 도시로 탈바꿈하려고 안간힘을 쓰고 있다. 친환경도시, 녹색도시, 생태도시라는 이름으로 환경과 자연, 생태계와 친밀한 관계를 맺기 위해 끊임없이 노력하고 있다.

  친환경도시는 환경과 사람이 공생(共生)하는 도시다. 환경과 조화로운 도시 체계를 갖췄다는 것을 뜻한다. 친환경도시는 사람과 환경을 하나로 연결된 유기적 관계로 보고 도시·환경·사람 모두에게 친화적인 공간을 만들려고 노력한다.

혐오시설 편견을 깬 '마이시마 소각장'

일본 오사카 북항다리를 지날 때 마주치는 건물은 몬드리안의 회화를 생각나게 한다. 영화 〈찰리와 초콜릿 공장〉처럼 무언가 기괴하고 재미있는 것이 있을 듯한 매력적인 외관으로 관광객의 눈길을 사로잡는다. 그러나 이곳은 이른바 혐오시설로 분류되는 '마이시마(舞洲) 쓰레기 소각장'이다.

마이시마 소각장이 들어선 인공 섬은 오사카시가 1988년 새 도심 개발을 목표로 세운 '테크노 포트 오사카' 계획에 의해 만들어진 3개의 인공 섬 가운데 하나다. 이 섬은 환경 창조형 모델 도시를 지향하는 오사카시의 비전을 담아 조성되었다.

인구 270만 명의 오사카시에서는 하루 평균 3600톤의 쓰레기를 배출한다. 이 가운데 25퍼센트에 해당하는 900톤가량이 오사카 앞바다에 있는 인공 섬 마이시마 소각장에서 처리된다. 쓰레기 소각, 대형 쓰레기 파쇄 시설을 갖추고 2001년부터 가동을 시작한 이곳은 오사카시, 야오(八尾)시, 마쓰바라(松原)시 환경시설조합이 공동으로 운영·관리한다.

오사카시는 쓰레기 소각장에 대한 시민들의 부정적인 인식 때문에 바다 앞에 인공 섬을 만들어 그곳에 소각장을 짓기로 결정했다. 그러나 오사카 시민들의 불안감은 쉽게 사라지지 않았다. 오사카시에서는 프리덴스라이히 훈데르트바서(Friedensreich Hundertwasser, 1928~2000)가 설계한 오스트리아 빈의 '슈피텔라우(Spittelau) 소각장'에 주목했다. 그리고 훈데르트바서에게 마이시마 소각장 설계를 맡겼다.

마이시마 소각장, 오사카 © ignis, Wikimedia Commons

화가이자 건축가 훈데르트바서는 인간과 자연의 공존을 강조하는 환경보호 건축으로 유명했다. 그가 설계에 참여한 공공주택 '훈데르트바서하우스(Hundertwasserhaus)'와 '슈피텔라우 소각장'은 도시재생의 모범이자 빈의 관광명소로 사랑받고 있다.

훈데르트바서가 디자인한 마이시마 소각장 건물 주변에는 식물의 가지와 잎이 뻗어 있어 건물 전체가 자연과 조화를 이루고 있다. 쓰레기 소각장이 갖는 고정관념을 깨고 녹색의 자연과 조화를 이루면서 예술적 아름다움을 지닌 공공공간으로 승화시켰다. 건물 주변을 공원으로 꾸며 주민들에게 개방하는 한편, 학생들의 친환경 교육장으로도 사용하고 있다.

일본에서는 초등학교 4학년 때부터 의무적으로 환경교육을 한다. 이에 연간 3000명이 넘는 학생들이 마이시마 소각장을 방문한다. 초등학생뿐만 아니라 유치원생도 소각장 시설 안에 있는 정원에서 생태학습을 하고 자신들이 체험한 것을 그림으로 표현한다. 이곳에서 환경교육을 받은 아이들이 남긴 체험활동 결과물은 소각장 건물 안에 전시되어 있다.

마이시마 소각장에는 리사이클링센터가 있다. 타지 않는 금속 쓰레기는 잘게 부숴 분리수거한 뒤 비철금속으로 판매하여 해마다 5억 원가량 수익을 올린다. 공장의 전기와 조명은 쓰레기 소각으로 발생하는 에너지로 충당하고, 남는 전력은 전기회사에 판매한다. 여기서 발생하는 수입만 연간 65억 원이나 된다.

연간 1만 6000명이 넘는 관광객이 마이시마

소각장을 찾는다. 이 가운데 약 30퍼센트는 외국인이다. 오사카시는 기피시설로 인식되었던 쓰레기 소각장을 시민들이 참여할 수 있는 공공공간으로 디자인했을 뿐만 아니라 관광명소로 탈바꿈시켰다. 쓰레기 소각장을 소각과 파쇄라는 물리적 기능만을 수행하는 공간에서 친환경 문화를 알리는 공간으로 재탄생시키며 도시를 새롭게 리포지셔닝한 훌륭한 사례다.

유럽의 환경수도 '류블랴나'

슬로베니아의 수도 류블랴나는 '사랑의 도시'라는 이미지가 강하다. '류블랴나(Ljubljana)'는 '사랑하다(ljubiti)'라는 뜻의 슬로베니아어에서 유래했다. 재미있는 것은 슬로베니아(Slovenia)라는 나라 이름도 사랑(sLOVEnia)을 품고 있다는 사실이다.

류블랴나에는 슬로베니아의 영웅으로 불리는 낭만주의 시인 프란체 프레셰렌(France Prešeren, 1800~1849)의 이름을 딴 '프레셰렌 광장(Prešerenov Trg)'이 있다. 프란체는 부유한 상인의 딸 율리야 프리미츠(Julija Primic)에게 첫눈에 반했지만 신분 차이로 끝내 사랑을 이룰 수 없었다는 애절하고 비극적인 사랑 이야기의 주인공이다.

죽는 순간까지 단 한순간도 그녀를 잊은 적이 없었다는 말을 남긴 프란체. 광장에 있는 그의 조각상이 아직도 율리야의 조각상을 하염없이 바라보고 있다. 아직도 진행 중인 사랑이다. 도시의 이름과 프란체의 러브스토리 때문에 류블랴나는 '사랑의 도시'라는 이미지로 기억되고 있다.

유럽연합(EU) 집행위원회에서는 2010년부터

류블랴나 © Janez kotar, Wikimedia Commons

매년 유럽연합 국가 가운데 도심 녹지, 교통, 환경관리, 지속가능성 등 12개 항목을 기준으로 도시 환경정책을 평가해 한 해 동안 유럽을 이끈 환경도시를 선정한다. 류블랴나는 2016년 '유럽 환경수도(European Green Capital Award)'로 선정되었다.

 류블랴나는 유럽연합 수도 가운데 첫 번째로 '제로 웨이스트(zero waste)'를 실천하기로 약속한 도시다. 과거에는 도시의 모든 쓰레기가 매립지로 갔지만, 이는 처리 비용도 비쌀뿐더러 지속적으로 매립할 땅을 필요로 한다. 이런 방식을 자원 낭비라고 판단한 류블랴나는 방법을 바꾸기로 결심했다.

 2002년에는 길가에 별도의 통을 설치해 종이·유리 등 재활용품 분리수거를 시작했다. 2006년부터는 생분해가 가능한 쓰레기를 분리수거했다. 2023년에 유럽 전역에서 생물성 폐기물의 분리배출이 의무화된 것과 비교해보면 류블랴나는 매우 빨리 진보적인 환경정책을 펼친 것이다.

 류블랴나는 현재 배출된 쓰레기의 60퍼센트 이상을 분리수거하고 있다. 2025년까지 전체 쓰레기의 75퍼센트 이상을 분리수거하는 것을 목표로 하고 있다. 이를 위해 종이, 플라스틱, 병 등의 분리수거함을 자동화된 시스템으로 만들어 시민들이 더 편리하게 분리수거를 할 수 있도록 지원하고 있다.

 류블랴나에서는 굳이 생수를 사서 마실 필요가 없다. 도시 곳곳에 마련된 음용분수대에서 언제든지 깨끗한 물을 마실 수 있다.

 슬로베니아는 한때 승용차 대국이었다. 교통체증과 환경오염이 심각한 문제로 떠올랐다. 이를

비치클, 류블랴나 © Wikimedia Commons

해결하기 위해 자전거 이용을 장려하는 '시티 휠(City Wheel)' 프로젝트가 시작되었다. 류블랴나 시내에는 '비치켈(Bicikelj)'이라는 자전거 보관소가 거리 곳곳에 있다. 자전거를 이용하는 사람에게는 대중교통 무료 이용과 음식점 할인 등의 혜택을 주고 있다.

시민들은 대부분 걷거나 자전거를 이용하지만, 도시 정책에 따라 오전에는 제한된 시간대에 차량을 운행한다. 거리를 지나가다 보면 골프장 카트처럼 생긴 녹색 전기차 카발리르(Kavalir)를 볼 수 있다. 시에서 운영하는 이 차량은 내·외국인 할 것 없이 누구나 무료로 이용할 수 있다.

류블랴나는 환경을 살릴 뿐만 아니라 시민들이 걷고 머무는 도시가 되기 위해 강과 광장을 연결하는 도시 공간을 정비했다. 새로운 공원을 만들고, 아름다운 산책로를 정비했다. 그 결과 침체되었던 지역상권이 살아났고, 벼룩시장과 같은 볼거리와 즐길 거리로 도심은 활기찬 공간으로 변모했다.

류블랴나가 처음부터 환경도시로 브랜딩된 것은 아니다. 다른 도시들처럼 류블랴나도 구도심이 쇠퇴하고 시민들은 그곳을 빠져나갔다. 2004년 이후 시의회는 도심재정비 사업에 착수했다. 10년에 걸친 지속적인 노력으로 류블랴나는 유럽을 대표하는 최고의 환경도시로 거듭났다. 이런 성과는 시의회, 지역 전문가, 시민 등 도시 구성원들이 공감대를 형성하고 협업해서 만들어낸 결과다.

지속가능한 도시로 살아남는 법

2021년 3월 아랍에미리트의 두바이는

지속가능성을 주제로 한 도시개발계획인 '2040 두바이 도시 마스터플랜(Dubai 2040 Urban Master Plan)'을 발표했다. 현재 1단계 계획을 이행하고 있는데, 2022년 12월에 승인된 2단계 개발 계획의 핵심은 '20분 도시' 조성이다. 두바이 시민이 일상생활의 활동에서 80퍼센트 이상을 도보나 자전거로 20분 안에 이동할 수 있는 도시를 만들자는 것이다.

두바이는 탄소 배출과 일회용 플라스틱 봉지 사용을 크게 줄이는 친환경 정책을 강력히 추진하면서 도시개발과 기술, 기업, 인력 유치에 힘쓰고 있다. 아랍에미리트는 주요 산유국임에도 중동 국가 가운데 가장 먼저 탄소중립 정책을 발표했다. 환경적 요인으로 발달하지 못한 농·수산업 분야의 자급력 제고를 위한 투자에도 힘쓰고 있다.

그동안 지속가능성이 높게 평가된 세계의 도시들은 어떤 점에서 주목을 받았을까? 네덜란드의 암스테르담은 '순환경제도시'라는 목표와 함께 기후회복 탄력성 강화와 도넛(doughnut) 경제 모델을 미래도시 정책의 핵심 축으로 하는 20년 로드맵을 공개했다. '도넛 경제'는 영국의 경제학자 케이트 레이워스(Kate Raworth)가 2011년에 발표한 경제 모델이다. 인간과 환경을 함께 지켜내기 위해 넘지 말아야 할 선을 도넛 모양으로 표현했다.

암스테르담이 추진한 '순환경제도시' 정책은 지속가능한 환경도시 수립을 위해 다양한 환경·에너지 정책을 추진했다는 점에서 좋은 평가를 받았다. 그 결과, 영국 케임브리지 대학교와 연세대학교가 공동으로 발간한 〈2022년 스마트도시 인덱스 보고서〉에서 1위에 올랐다. 덴마크의 코펜하겐은 적극적인 신재생에너지 분야의 정책으로 2위, 독일의 베를린은 스마트 그리드(smart grid)(기존 전력망에 정보기술을 접목한 지능형 전력망)와 에너지 효율화에 집중하는 점을 높이 평가받아 3위에 이름을 올렸다. 서울은 도시환경 문제 분석에 힘쓰고 로봇과 인공지능을 활용한 디지털 모델을 구축했다는 점에서 좋은 평가를 받아 6위를 기록했다.

전 세계 인구의 약 55퍼센트는 사회·경제·정치적 활동의 중심지이자 인류 최고의 발명품으로 불리는 도시에 살고 있다. 전 세계적으로 도시 인구는 지속적으로 늘어나는 추세를 보이고 있는데, 여러 가지 위험 요소도 함께 늘어나고 있다. 도시를 이런 위험으로부터 지켜내기 위해서는 건강한 복원력을 키워나가야 한다.

앞으로는 폭염과 홍수·폭우 같은 기상이변과 함께 코로나19 같은 전염병도 더 자주 발생할 것으로 예상되고 있어 '지속가능한 도시'가 더욱 중요해졌다. 화석연료 대체를 위한 재생에너지 정책, 스마트시티 인프라 구축 등 실효성 있는 정책과 마케팅을 적극적으로 펼쳐나가야 한다. 포스트 코로나 시대에는 도시 브랜딩 전략에서 지속가능성이 차지하는 비중이 더욱 커질 것이다.

지역사회를 중심으로 지속가능성에 집중하는 것이 앞으로 우리의 도시가 해야 할 중요한 역할이자 생존 전략이다. 우리 도시에는 대규모 공간이 더 이상 남아 있지 않다. 규모의 경제로 지어졌던 공장, 쓰레기 매립지, 폐쇄한 철도, 인구감소로 문을 닫은 학교 등 방치된 도시의 공간을 공원화하고 장소가 가진 기억을 담은 매력적인 재생이 필요한 이유다.

또한 우리 지구가 돌이킬 수 없는 중요한 기후·생태 시스템의 한곗값을 기후변화 임계점이라고 하는데, 임계점을 넘어서면 생물 다양성 손실, 식량자원 수준 저하, 북극 해빙 손실에 따른 온난화 증폭 등 대재앙에 직면하게 된다. 중앙집중화로 도시가 자행한 환경파괴는 심각했고, 인구가 과밀화된 도시 지역에서 환경오염은 점점 가속도가 붙고 있다. 우리 도시에 두 번의 기회는 없다.* 두 번의 똑같은 오늘은 없다. 두 번의 똑같은 대지도 없다. 두 번의 똑같은 하늘도 없다. 우리가 살고 싶은 도시, 지속가능한 도시의 미래를 그려나가는 것이 바로 지금 우리에게 가장 필요한 도시 브랜딩이다.

● 노벨문학상을 수상한 폴란드의 시인이자 번역가 비스와바 심보르스카(Wisława Szymborska)의 시 '두 번은 없다(Nic dwa razy)'를 오마주한 문장이다.

20 로컬·도시·국가의 리브랜딩

독일은 제2차 세계대전에서 패배한 뒤 경제 부흥과 신뢰도 회복을 위해 국가 차원에서 '독일 엔지니어링(German Engineering)'이라는 캠페인을 펼쳤다. 이 캠페인을 통해 신뢰할 수 있는 원산지 프리미엄을 얻은 독일은 '메이드 인 저머니(Made in Germany)'를 브랜드 커뮤니케이션에 적극 활용해 독일산 제품에 대한 강한 신뢰를 심어주었다.

독일산 제품의 우수성은 이미 오래전부터 정평이 나 있었지만, 화룡점정을 찍은 것은 이같이 명문화된 브랜드 커뮤니케이션 활동이었다. 기업은 물론 국가가 직접 나서서 '믿고 쓰는 독일산'이라는 인식을 심어주기 위해 다양한 노력을 펼친 결과, 전 세계인은 지금까지 독일산 제품에 무한 신뢰를 보내고 있다.

뛰어난 기술력과 책임감으로 신뢰받는 제품을

만들어내는 독일인의 국민성을 브랜딩해서 '최고 품질의 제품을 만드는 나라'라는 인식을 심어주는 국가 차원의 노력이 국가 브랜딩이라고 할 수 있다. 아무리 잘 만든 제품이라고 해도 제대로 알리지 못하면 그 진가를 발휘하기 쉽지 않다. 이때 필요한 것이 바로 브랜딩이다.

각자의 매력으로 상호작용하는 리브랜딩

국가 브랜딩은 국가의 명성을 쌓고 관리하기 위해 마케팅 개념과 전략을 국가에 적용한 것이다. 이를 통해 국격을 높이는 것은 물론 경제적 이익도 도모한다. 관광과 투자를 유치하고, 수출을 늘리고, 재능 있고 창의적인 인력을 모으고, 글로벌 영향력을 높이기 위해 노력한다.

국가의 이미지는 공공부문뿐만 아니라 민간부문에도 큰 영향을 미친다. 해당 국가에서 실제로 생산되고 해외로 판매되는 제품의 원산지 효과를 발생시키는 것이 대표적이다. 해외여행을 할 때 국내 기업의 광고판이나 제품을 보면 왠지 모르게 가슴이 벅차오르는 것도 국가에 대한 자긍심 때문일 것이다.

1980년대부터 2000년대 초반까지 대한민국이라는 브랜드를 세계에 널리 알린 일등공신은 1988년 서울 올림픽, 2002년 월드컵과 같은 대규모 국제행사였다. 한 세대가 지난 지금은 케이팝(K-pop), 케이드라마(K-drama)와 같은 대중문화를 비롯해 한식, 한글, 다양한 한국 제품 등 소프트파워로 불리는 요소들이 큰 역할을 하고 있다.

브랜딩의 대상이 과거에는 주로 국가라는 큰 범주였다면, 2010년대 후반부터는 도시, 거리,

랜드마크, 작게는 동네 상점으로 세분화되고 있다. 지역과 도시가 씨줄과 날줄처럼 얽혀 국가 이미지를 형성하는 데 긴밀한 영향을 줄 만큼 콘텐츠가 다양해지고 개성이 강해졌기 때문이다. 이 때문에 예전처럼 국가를 하나의 가치로 정의하기가 어려워졌다.

지금은 국적도 선택할 수 있는 시대다. 목적은 제각각 다르겠지만, 본인이 나고 자란 지역과 국가보다 더 낫다고 여기는 곳이 있다면 언제든지 다른 국가를 선택해서 이민을 가고, 국적을 바꾸기도 한다. 국가 간 유동인구가 계속 늘어나는 상황에서는 국가도 인구 유출을 막기 위해 브랜딩과 마케팅에 열과 성을 다할 수밖에 없다.

20세기에는 다양한 나라에서 국가 브랜드 슬로건이 개발되었고, 국가 주도 성장을 이루며 슬로건의 목적에 맞게 발전이 가능한 시대였다. 그러나 지방분권이 확대되고 도시의 경쟁력이 강해지면서 국가 경쟁력을 넘어서는 세계도시 개념의 도시들이 등장하기 시작했다. 21세기 들어서면서 도시 브랜드 슬로건이 대규모로 개발된 배경이다. 지금은 작은 지역이 도시를 견인할 만큼의 파워를 갖고 있다. 로컬 브랜드의 중요성이 커지는 이유다.

20세기에는 매크로(macro)(대형)가 마이크로(micro)(아주 작은 것, 미세한 것)를 지배했다면, 21세기 현재는 마이크로가 모여 매크로가 되는 시대다. 20세기에는 하이어라키(hierarchy)(위계)가 중요했다면, 21세기에는 헤테라키(heterarchy)(동시지배, 수평네트워크)가 더 중요하다. 지금은 지역 브랜드들이 모여 하나의 도시를 브랜딩하고, 도시들이 모여 국가를 브랜딩하는 시대다. 슬로건을 개발하고 선포하는 것보다는 이 과정을 공론화하고 지속가능하도록 커뮤니케이션해나가는 과정 자체가 더 중요하다.

    로컬과 도시 그리고 국가가 밀접하게 연결되어 상호작용하는 리브랜딩. 이제 우리 도시들이 차별화된 자기다움으로 무장하고, 다른 도시와 경쟁하는 것이 아니라 각 지역의 매력이 한데 모이면 국가라는 공동체 전체가 매력적인 이미지를 갖게 될 것이다. 베스트 원이 아닌 온리 원으로 각자의 매력을 발전시키길 진심으로 바란다.

에필로그

우리는 왜 도시를 브랜딩하는가

이한기 브랜드 전문가로 다양한 현장을 경험해온 교수와 PR 컨설턴트, 그리고 30년차 기자. 이런 세 사람이 머리를 맞대고 고민한 주제가 바로 '도시 브랜드'입니다. 더 정확하게 이야기하면 '어떻게 도시를 리브랜딩할 것인가'에 대한 숙제를 푸는 일이었죠.

사람들이 세월과 함께 만들어낸 도시도 흥망성쇠(興亡盛衰)의 과정을 겪습니다. '흥망'과 '성쇠'의 변곡점은 무엇일까요? 그 교차점의 의미를 제대로 짚어낸다면, 미래의 도시를 좀 더 살기 좋은 곳으로 만들어내는 교훈을 얻을 수 있지 않을까 하는 바람에서 이 책은 시작되었습니다.

독자 여러분과 함께 대화하는 느낌으로 몇 가지

주제에 대해 서로의 생각을 나눠보겠습니다. 저희의 전문 분야와 직업적 특성을 살려 기자가 묻고 브랜드·PR 전문가가 답하는 형식입니다. 우선 이 책이 왜 필요하다고 생각하셨나요?

박상희   20년 전만 해도 '브랜드'라고 하면, 기업에서 만들어낸 제품 브랜드를 떠올렸어요. 지금은 기업·도시·국가도 다들 브랜드라고 합니다. 심지어 개인도 퍼스널 브랜딩을 하는 브랜드 전성시대가 됐어요. 그러다 보니 성별, 세대별로 브랜드에 대한 정의가 달라요. 정답은 없겠지만, 그래도 브랜드 개념의 공통분모와 차이에 대한 정리는 필요하다는 생각이 들었습니다. 디자인 개념도 산업에 따라서 변화·발전해온 것처럼, 브랜드 개념도 산업구조나 사회의 변화에 따라 진화해왔어요. 이런 브랜드 개념의 변천 과정에 대해서도 이야기를 하고 싶었습니다. 저는 제품·기업 브랜딩을 하다가 장소 브랜딩을 하게 됐어요. 국가·도시·지역 브랜드를 현장에서 두루 경험하고 있는데, 모두 장소 브랜딩이라는 공통점이 있어요. 또한 공공재이기도 하죠. 그 가운데 허리 역할을 하는 도시 브랜딩에 대해 독자들과 교감을 나누고 싶었어요.

이한기   도시 브랜드가 왜 중요하고, 도시 리브랜딩이 왜 필요한가요?

박상희 제품에서 브랜드가 언제부터 중요해졌을까요? 1950년대 한국전쟁 직후에는 쌀 브랜드가 중요하지 않았어요. 생계를 위해선 어떤 쌀이든 필요했으니까요. 경제의 기본 원리이기도 하지만, 수요보다 공급이 많아지면 선택받기 위한 경쟁이 벌어집니다.

기업들이 자기네 제품이 더 좋다면서 소비자에게 선택해달라고 하죠. 그때 브랜드가 만들어집니다. 기업이 자기네 제품의 고유한 가치와 강점, 차별성을 강조하면서 브랜드를 만들고 다른 기업이나 제품과 경쟁을 하게 됩니다. 기업 간의 경쟁이 브랜드 간의 경쟁이 됩니다.

도시 브랜드도 그런 개념으로 볼 수 있습니다. 예전에는 자기가 태어난 도시에서 공부하고 직장을 구하고 정착하는 사람들이 많았습니다. 지금은 지역 간 이동이 훨씬 자유롭고 활발해졌습니다. 태어난 곳과 공부한 곳, 직장이 있는 곳과 사는 곳이 서로 다른 경우도 적지 않습니다.

도시도 이제 선택의 대상이 됐습니다. 여러 가지 일을 하는 'N잡러'나, 두 개 이상의 도시를 기반으로 해서 사는 사람들도 많이 눈에 띕니다. 한 곳에 머무르지 않고, 복수의 도시와 밀접한 인연을 맺는 '관계인구'가 늘어난 겁니다. 그러다 보니 도시들도 스스로를 어필하고, 사람들에게 선택받아야 할 필요성이 생긴 겁니다. 도시 브랜딩도 '경쟁'과 '차별성'을 통한 지속가능성을 고민하게 된 거죠.

이광호   박 교수님 말씀에 동의합니다. 지금은 도시도 시민이 선택할 수 있는 시대입니다. 도시 입장에서는 살아남기 위한 생존 전략으로 브랜드에 주목하지 않을 수 없게 되었습니다. 도시경쟁력 강화를 위한 실천적 해법인 것이죠. 과거에는 성장과 생산성·사업성 등이 중요했는데, 도시관리 패러다임이 바뀌면서 시민, 전문가, 공공영역 간의 참여 가치가 중요해졌습니다.

우리나라에서는 1995년 지방자치제가 실시되면서 도시와 지역의 브랜딩이 시작되었습니다. 초기에는 단순히 시각적 측면에서 지역을 홍보하는 수준에 머물렀지만, 점차 마케팅 개념을 도입하면서 지역의 유·무형 자산을 관리하고 가치를 높여내는 방향으로 진화해나가고 있습니다.

도시 브랜딩의 핵심은 물리적 공간과 도시가 갖고 있는 콘텐츠가 같이 작동하는 상호작용이라는 겁니다. 경관, 인프라, 조직과 행정구조, 리더십과 비전 등 도시가 갖고 있는 콘텐츠는 로고와 슬로건, 광고, PR 등 마케팅과 프로모션으로 확산됩니다. 이 과정에서 중요한 것은 시민 중심의 도시 브랜딩이 이뤄져야 한다는 점입니다. 시민은 가장 중요한 고객이자, 훌륭한 도시 마케터이기 때문입니다.

이한기 도시 브랜딩, 로컬 브랜딩, 장소 브랜딩, 도시 마케팅, 지역 마케팅 등 브랜딩과 관련해 다양한 용어가 등장합니다. 어떤 차이가 있는지 궁금합니다.

박상희 어떤 일을 하건 용어 정의가 가장 중요한 것 같아요. 로컬·도시·국가는 브랜딩의 대상이기 때문에 의미가 명확합니다. 국가 대 국가, 도시 대 도시, 지역 대 지역의 구도 속에서 차별적인 경쟁력을 염두에 두고 브랜딩을 하는 것이라고 이해할 수 있습니다. 기업 브랜딩은 사적 영역, 국가나 도시 브랜딩은 공적 영역의 활동이라는 것이 다릅니다. 국가와 도시 사이에는 규모의 차이가 있죠.
다만 광역 지자체 같은 큰 지역과 기초 지자체 같은 작은 지역의 브랜딩 사이에 단순히 면적이나 인구 차이만 있는 것은 아닙니다. 우리가 '소수를 위한 디자인'이라고 했을 때 그 소수는 단순히 숫자가 적다는 의미만은 아닙니다. 남성에 비해 여성, 부자에 비해 가난한 사람처럼 사회·정치·경제적인 약자, 즉 '마이너리티'라는 개념이 더 큽니다. 도시도 마찬가지입니다.
흔히 '세계도시'로 불리는 곳도 면적이나 인구 규모만으로 그런 평가를 얻는 것은 아니잖아요. 그런 차원에서 보자면, 규모의 논리보다는 도시의 목적과 지향에 어울리는 브랜딩이냐에 주목해야 합니다. 예를 들어 '관광도시'로서의

지향을 명확히 한다면, 이 도시로 여행을 오게
만드는 '인바운드' 가치를 찾고 정체성을
만들어서 외부와 원활하게 소통하는 것이
중요합니다. 어떤 도시는 인지도를 높이는 게
가장 큰 당면 과제일 수도 있습니다.

이한기 대도시와 소도시의 브랜딩은 어떻게 달리
접근해야 할까요?

이광호 대도시는 다양한 이해관계자를 고려해야 합니다.
반면 소도시는 상대적으로 이해관계가 덜
복잡하므로 핵심 메시지와 이미지를 전달하기가
대도시에 비해 용이합니다. 금산이나 풍기의
경우 인삼, 이천은 도자기 하나에 집중하면서
도시를 브랜딩할 수 있지만 서울이나 부산 같은
대도시는 그렇게 할 수 없습니다.
대도시의 경우 플렉시블(flexible)(확장형)
슬로건이나 포괄적인 개념의 슬로건을 사용하는
것이 오히려 다양한 이해관계자를 아우르는 데
적합합니다. 그렇지만 소도시는 핵심 자산을
부각할 수 있는 단일한 슬로건에 집중하는 것이
더 바람직할 수 있습니다. 재원 측면에서도
그렇죠. 물론 대도시나 소도시 모두 정체성과
차별화 포인트를 제대로 찾는 일이 선행되어야
합니다.

이한기 '브랜드의 지속가능성은 끊임없이 변화하려는
브랜딩의 노력 속에서 이뤄진다'는 말이 사실

역설적인 느낌으로도 다가오는데, 흥망성쇠를 겪는 도시도 시절인연(時節因緣)에 맞는 브랜딩이 있지 않을까 하는 생각이 듭니다. 잘된 인연이든 잘못된 만남이든 말이죠.

박상희 그것이 바로 '리브랜딩의 필요성'입니다. 도시도 흥할 때든 쇠락할 때든 '리브랜딩'이 필요하잖아요. 리브랜딩이란 현재 단계에서 새롭게 쌓아 올리면서 업그레이드하는 활동이니까요. 그런 빌드업과 업그레이드 과정에서 끊임없이 정체성을 환기시켜주는 것이 브랜드죠. PR이나 광고는 그렇게 만들어진 브랜드를 널리 알려서 확산시키는 활동이고요.

이한기 그렇다면 PR 전문가의 관점에서 '브랜딩'과 'PR(public relations)'은 어떻게 다른지 설명해주시죠.

이광호 큰 틀에서 보자면 PR은 브랜딩을 위한 여러 가지 방법 가운데 하나입니다. 도시를 대상으로 한 '브랜딩'과 'PR'은 사람들에게 해당 도시를 알리고, 상호작용을 한다는 공통점을 갖고 있습니다. PR은 말 그대로 대중과 관계를 맺는 일입니다. 알려야 하는 그 무엇을 인식하도록 하는 모든 과정이 브랜딩이죠.
도시 브랜드를 개발한다고 하면, 어느 지자체든 예외 없이 로고와 슬로건 개발, PR, 광고, 이벤트 등 다양한 노력을 기울입니다. 이런 활동이 모두 도시 브랜딩의 중요한 요소지만 개별로 놓고 보면 일부분인 셈이죠. 도시 브랜딩은 더 폭넓고 전략적이고 장기적인 관점으로 접근해야 합니다. PR은 고객별 메시지 개발과 미디어 활용이 주요 역할입니다. 메시지는 누구에게 무엇을 부각시킬 것인가를 먼저 정하고, 고객이 공감·체감할 수 있게 해야 합니다. PR의 기능은 크게 도시 홍보와 이미지 구축이라는 두 가지 측면에서 볼 수 있습니다. 인지도가 낮은 도시는 구체적인 메시지를 전달해 체감도를 높여야 하고, 상대적으로 널리 알려진 도시는 이미지 강화에 중점을 둬야 합니다.

이한기 이 책에서도 다양한 사례를 소개했지만 그 가운데서도 우리에게 통찰이나 영감을 주는 도시 브랜드(브랜딩)를 몇 개 꼽아본다면 무엇이 있을까요?

박상희 도시 브랜드 하면 슬로건의 이미지만 떠올리는 경우가 많아요. 그건 브랜드 디자인이죠. 도시 브랜드를 평가할 때는 도시의 실체를 잘 드러내고, 도시의 정책을 잘 담아냈는지가 중요합니다. 그런 전체적인 차원에서 본다면 뉴욕, 베를린, 포르투를 꼽고 싶어요. 세 곳은 각기 명확한 장점을 갖고 있고, 세계 여러 도시의 벤치마킹 대상이기도 합니다.
세계적으로 유명한 포트와인의 도시이자 도루강 하구 언덕에 펼쳐진 아름다운 도시 포르투는

도시 브랜드 디자인을 가장 잘한 곳이라고
이야기하고 싶어요. 여러 가지 역사적 상징을
디자인에 잘 녹여냈습니다. 도시환경 정비부터
도시 경관에 이르기까지 시각적으로는 가장
우수하다고 봅니다. 그게 '포르투닷' 브랜드의
강점입니다.

오래됐고 가장 널리 알려진 '아이 러브
뉴욕(I♥NY)' 슬로건은 어찌 보면 사실 평범해요.
'아이 러브 홍콩', '아이 러브 서울'처럼 어느
도시에나 쓸 수 있잖아요. 그런데 '아이 러브
뉴욕'은 굉장히 오랜 시간 동안 마케팅을
참 잘했습니다. 평범해 보이지만 대중에게
친근하게 다가간 로고타이프도 스타 디자이너의
작품이었죠. 오랫동안 도시 마케팅을 잘해내면서
범죄도시라는 이미지에서 탈피해 누구나 한
번쯤 여행해보고 싶은 선망의 도시로 뉴욕을
탈바꿈시켰습니다. 브랜드의 실체인 뉴욕의
도시 정책이 함께 변화했다는 것도 무엇보다
중요하죠.

베를린은 전범국가의 대표 도시라는 이미지가
워낙 강고했습니다. 그러다 보니 소득이나 교육
수준이 높아도 뭔가 죄책감의 그늘이 드리워
있었다고 해요. 그래서 만든 슬로건이 '비
베를린(be Berlin)'입니다. 미국의 존 F. 케네디
대통령이 "2000년 전 로마 시민이 자긍심의
단어였다면, 이제는 베를리너가 그런 단어가 될
것"이라고 한 말에서 착안해 '비 베를린'이라는
캠페인을 펼쳤죠. 자부심을 불러일으키는,

철저한 시민 중심의 캠페인이었습니다.
도시 브랜딩을 할 때는 인지도를 높일 것인지,
애착도를 높일 것인지, 아니면 투자하고
마케팅해서 돈을 많이 벌게 할 것인지 명확한
목표를 갖고 있어야 해요. 벤치마킹을 넘어
자신만의 차별적인 경쟁력이 중요합니다. 다
가지려고 하다가 하나도 못 가질 수도 있습니다.
탁구공을 한꺼번에 백 개쯤 던지는 것과 한 개만
던지는 걸 상상해보세요. 어느 쪽이 탁구공을 잘
잡을 가능성이 높을까요? 도시 브랜드도 집중을
잘해야 성공할 수 있습니다.

이한기 '아이 러브 뉴욕'은 범죄도시, '비 베를린'은
전범국가라는 부정적인 도시 이미지를
긍정적으로 바꿔놓는 데 크게 이바지했습니다.
중요한 것은 그런 변화를 이끌어낼 도시의 힘이
바탕이 되었기 때문에 가능하다는 점이라고
생각합니다. 단순히 도시 캠페인 문구 하나를 잘
만들어서 성공한 게 아니라는 거죠. 또한 관련된
정책 등과 잘 연계해 일관성과 지속가능성, 먼저
내부로부터 신뢰받는 충성도와 결속력을 높였던
것이 성공 비결이 아니었나 싶습니다.

박상희 정확한 지적입니다. 20세기에는 브랜드가
'기업의 가림막'이라고 했어요. 브랜드만 잘
만들면 친환경이 아닌데도 친환경으로 보이게끔
만든다는 거죠. 공사장 가림막에 예쁜 그림을
그려놓으면, 그 안에서 어떤 일이 벌어져도

모른다는 겁니다. 그러나 21세기에는 정보가 보편화되고 모든 사람이 쉽게 접근할 수 있으니 더 이상 그런 가림막으로는 어렵죠. 이제는 브랜드 정체성과 브랜드 실체가 일치되지 않으면 그 브랜드는 성공하지 못합니다. 거짓말이라는 걸 사람들이 너무 뻔히 알기 때문에 홍보하는 내용과 실제 제품이 일치하지 않을 때는 오히려 역효과를 낳습니다. 실제로 환경을 위한 것이 아닌데도 겉으로만 친환경 이미지를 갖기 위해 관련 활동을 하는 기업의 행동을 뜻하는 '그린워싱(greenwashing)(위장 환경주의)'은 더 이상 지속되기 어렵습니다. 내부 브랜딩도 굉장히 중요합니다. 예를 들어 '사람이 미래다'라는 외부 캠페인이 성공하려면 내부 사람들의 공감을 먼저 얻어야 합니다. 내부 직원이 동의하지 않고 비웃는다면 그 브랜딩은 잘못된 것이고 성공할 수 없습니다. 외부 커뮤니케이션을 하기 전에 내부가 동의하는 정체성 세팅을 제대로 해야 합니다. 내부 구성원이 그렇게 느끼지 않는데 외부 사람들에게 그런 이미지를 심어주려고 하면 얼마 가지 못해서 들통이 납니다.

이광호 성공한 도시 브랜드는 '자기다움'을 갖고 있습니다. 다른 도시가 미술관을 지어 관광객을 모았다며 우리도 미술관을 세우고, 다른 도시가 신천이 축제로 성공했다며 우리도 유사한 축제를 만든다고 해서 차별화되고 경쟁력이 생기는 것이 아닙니다. 비싸고 멋진 건물을 짓는다고 해서 시민들이 자부심을 갖거나 외부 투자를 이끌어낼 수 있는 것도 아니죠.
눈에 보이지 않아도 의미와 감동을 전해줄 수 있다면 그것이 지역을 상징하는 랜드마크가 될 수도 있습니다. 어쩌면 하드웨어적인 건축물보다 더 강력할 수 있습니다. 대표적인 것이 문화와 예술입니다. 예를 들어 통영시는 승전무와 오광대, 남해안 별신굿 같은 민속문화유산과 세계적인 작곡가 윤이상을 길러낸 음악적 자산을 바탕으로 유네스코 '음악 창의도시'로 선정되는 등 도시를 대표하는 이미지를 만들어냈습니다.

이한기 '도시 브랜드가 밥 먹여줍니까?'라고 물으면 '예, 밥 먹여줍니다'라고 답할 수 있는 사례가 실제로도 많이 있죠. 국내나 해외에서 잘된 도시 브랜딩은 그 도시에서 살아가는 사람들에게 어떤 만족과 행복을 줄까요?

이광호 그 도시만이 갖는 비교우위의 차별성이 있으면 시민들은 자부심을 느끼고 도시에 강한 애착을 가집니다. 그뿐 아니라 다른 도시와의 경쟁우위를 통해 다양한 부가가치를 창출하기 때문에 도시 재정과 경제에도 큰 도움이 됩니다. 그런 경쟁우위는 그 도시뿐만 아니라 국가의 경쟁력에도 큰 보탬이 되죠. 시민으로서, 국민으로서 자부심이 높아집니다.

박상희 지금은 일본 전국구 스타가 된 구마모토의 '쿠마몬' 사례가 인상적입니다. 애초에는 '구마모토 서프라이즈'라는 로고 디자인으로 기획되었다가, 대중의 관심을 끌 수 있는 캐릭터를 만들자는 디자이너의 제안이 받아들여지면서 '쿠마몬'이라는 캐릭터가 탄생했습니다. 그리고 몇 년 만에 쿠마몬 캐릭터의 상품 매출이 1조 원을 돌파할 정도로 큰 성공을 거뒀습니다. 이런 성공은 지역경제를 부흥시켰습니다. 지역민들의 삶의 질도 그 전에 비해 크게 향상된 것은 두말할 나위도 없죠. 도시 브랜딩 성공이 지역경제 활성화와 주민들의 삶의 질 향상이라는 선순환의 물꼬를 터준 겁니다. 그렇지만 도시 브랜딩의 성공을 경제적인 성과만으로 따지는 것은 경계해야 합니다. 지역경제 활성화에 도움이 되었다고 해도 거주민들의 불쾌지수를 높이고 거주 만족도를 떨어뜨렸다면 잘된 브랜딩이라고 할 수 없습니다. 예를 들어 울릉도에 관광객이 넘쳐난다면 어떻게 될까요? 섬의 수용 가능 인원을 넘어설 경우 경제적 이익보다 더 큰 손해가 곳곳에서 발생할 수 있습니다. 그뿐 아니라 방문객들의 만족도도 함께 떨어집니다. '울릉도다운' 매력이 사라지는 거죠. '무조건 관광객이 많이 찾아오면 좋다'가 결코 정답이 될 수 없습니다. 자연경관을 해치지 않는 개발, 수용 가능한 인원, 만족도 높은 액티비티 등 콘텐츠의 질을 종합적으로 고려해서 설계하는 브랜딩이 필요합니다. 규모가 작은 도시 다보스도 접근성이 떨어지고 조용하다는 것이 오히려 장점이 되면서 매년 세계경제포럼이 열리는 글로벌 도시가 됐잖아요. 수용 인원을 초과하고 제대로 관리하지 못했다면 지속되기 어려웠을 겁니다.

이한기 '도시를 도시답게'라는 일반적인 말이 브랜딩을 거치면 '그 도시를 그 도시답게'라는 특별한 의미를 가진 말로 바뀝니다. '차별'이라는 말이 일상에서는 부정적인 요소로 비치지만, '차별적인 가치'라는 도시 브랜딩의 언어로 보자면 진취적이고 긍정적인 에너지로 다가옵니다. 안주하지 않고 끊임없이 변화하려는 노력이 바탕이 된 도시 리브랜딩의 최고 가치는 인간다운 삶을 지향하는 공동체를 만들어나가는 데 있지 않을까 싶습니다. 이 책 《도시×리브랜딩》을 통해 이런 메시지가 독자 여러분에게 잘 전해지기를 바랍니다.

도시×리브랜딩

1판 1쇄 펴낸날 | 2023년 12월 20일

지은이　박상희·이한기·이광호
펴낸이　오연호
편집장　서정은　마케팅·관리　이재은

펴낸곳　오마이북
등록　제2010-000094호 2010년 3월 29일
주소　서울시 마포구 월드컵로14길 42-5 (04003)
전화　02-733-5505(내선 271)　팩스　02-3142-5078
홈페이지　book.ohmynews.com　이메일　book@ohmynews.com
페이스북　www.facebook.com/Omybook

책임편집　서정은
교정　김성천
디자인　여상우
인쇄　천일문화사

ⓒ 박상희·이한기·이광호, 2023

ISBN 978-89-97780-54-9 03320

이 책은 저작권법에 의해 보호받는 저작물이므로 내용의 전부 또는 일부를 재사용하려면
반드시 지은이와 출판사의 동의를 받아야 합니다.

오마이북은 오마이뉴스에서 만드는 책입니다.